أساسيات في النحو والصرف

ثامر إبراهيم محمد المصاروة

المملكة الأردنية الهاشمية

رقم الإيداع لدى دائرة

المكتبة الوطنية

(2010/9/3408)

810.9

المصاروة ، ثامر ابراهيم محمد

اساسيات في النحو والصرف ، ثامر ابراهيم المصاروة

عمان : دار جليس الزمان 2010.

ر.أ.: (2010/9/3408)

الواصفات : / قواعد اللغة//اللغة العربية

- أعدت دائرة المكتبة الوطنية بيانات الفهرسة والتصنيف الأولية

الطبعة الأولى

2011

الناشر

دار جليس الزمان للنشر والتوزيع

شارع الملكة رانيا- مقابل كلية الزراعة- عمارة العساف- الطابق الأرضي, هاتف:

0096265356219 فاكس -- 009626 5343052

الإهـــداء

إلى منارة فكري ودربي... والدي العزيز

إلى شمعة حياتي الأزلية........

إلى والدتي الغالية حفظها الـله

إلى من بهم أشد أزري... إخوتي

إلى كل من ينطق بالعربية ويعتز بها

إليكم أهدي ثمرة جهدي

بسم الـلـه الرحمن الرحيم

(قَالُوا سُبْحَانَكَ لَا عِلْمَ لَنَا إِلَّا مَا عَلَّمْتَنَا إِنَّكَ أَنْتَ الْعَلِيمُ الْحَكِيمُ)

صدق الـلـه العظيم / البقرة (32)

" ليس في الطبيعة سواد مطلق أو بياض مطلق ولكـن مـا يـراد عمله إذا جُمع بين الأسود والأبيض، فإنه يمكن أن يكون مفيـدًا بقدر ما يتهيأ له من وسـائل، ومـا أسـعى إليـه كـان مـن ذلـك النوع "

فهرس المحتويات

المقدمة

الحمـــد لله رب العالمـــين والصـــلاة والســـلام على أشـرف المرســلين سـيدنا محمد صلى الـلـه عليه وسلم المبعوث رحمـــة للعالمـــين وعلى آله وصحبه أجمعيـــن.

وبعـــد

فهذه المجموعة مـن أساسيات النحـو والصرف فيهـا الكثير مـن التنظيمِ والترتيـب والتبويب والكثير من الأمثلة الموضّحة والمعربة، وقد قدمتها بأسلوبٍ سهل، يوفّر على الطالـب جهده ووقته، وقد اخترتُ هذه المواضيع ؛ لأنها أكثر مساسًا بواقع الطلبة التعليمـي، فحرصـتُ فيها على أن أُقدم المعلومة الصحيحة، وقد سميته بهـذا الاسـم؛ لأني قـد جمعـتُ فيـه مـا هـو أساس من قواعد النحو والصرف من شتى الكتب والأبحاث والدراسات بطريقة مميـزة وسـهلة على الطالبِ، وجمعتُ فيه الكثير من الأمثلـة فاعتمـدتُ الشـواهد القرآنيـة والأمثلـةَ المنوعـة لتصل بالقارئ إلى استيعاب وفهم الموضوع بسهولة ويسر، ولم أقف عند هذا بل قمتُ بإعراب بعض الأمثلة من أجلِ أن يتعود الطالب على الإعراب وتنمو لديه هذه المهـارة، وهـذا الكتـاب كان ثمرة جنيتها من أساتذتي الكرام في جامعة مؤتة ومن دراسةِ مطوّلةِ في ثنايا الكتبِ والمثابرة وحب المعرفةِ والاطلاع على لغتنا لغة القرآن الكريم، وكـل هـذا فقـد أثـار بي حُـب الكتابـةِ في هذه المواضيع للأهميتها لكل طالبٌ ما زال على المقاعد الدراسية وخاصة طلاب اللغة العربية، أما عن محتويات هذا الكتاب فقد قمتُ بتقسيمه إلى فصلين، فصلٌ خصصـته للحـديث عـن المشتقات من (اسم الفاعل، اسم المفعول، صيغ

المبالغة، الصفة المشبهة، اسم التفضيل، اسم الآلة....، الإبدال) وتحدثت فيه أيضاً عن المصادر وأنواعها (المصدر الصريح، مصدر المرة، مصدر الهيئة... المصدر المؤول) وفي هذا الصدد فرقتُ بين المصدرِ واسم المصدر مدعماً ذلك بأمثلةٍ، أما الفصل الثاني فخصصته للحديث عن موضوعاتٍ متفرقةٍ كالمنصوباتِ والممنوع من الصرف وأسماء الأفعال، وتحدثتُ فيه أيضًا عن الإعلال الذي ما زال يؤرق الطلبة، وخوفهم منه فحاولتُ جاهدًا على أن أوصل المعلومة بسهولة، كما تحدثتُ أخيراً عن بعض الأخطاء الشائعة التي نقعُ فيها في حديثنا مع الآخرين، ولكن دون دراية عن ذلك، وأخيراً، آمل أن يأخذه نظرُ القارئ، ويبقى في ذهنِهِ، وأن يُقدم لي ولهم المعلومة الصحيحة والفائدة الجليلة، وأما إذا كنتُ قد قصرتُ في هذا فلأن النقص من طبائع البشر.

و الله أسألُ أن يجعل عملي هذا خالصًا لوجهِ الكريم

" وما توفيقي إلا باللهِ "

ثامر إبراهيم المصاروة

الفصل الأول

المشتقات

المشتقات

اسم الفاعل

تعـــريفه: اسم مشتق من الفعل المبني للمعلوم للدلالة على وصف من قام بالفعل أو اتصف به على وجه الحدوث. **مثل:** كَتَب كاتِب، جَلَس جالِس، ذَهَب ذاهِب، خَرَج خارِج، نَزَل نازِل، ضَرب ضارِب، جَرَح جارِح، كَسَر كاسِر، فَهَم فاهِم، دَرَس دارِس.

صياغته: يصاغ اسم الفاعل على النحو التالي:

1 ـ من الفعل الثلاثي يصاغ على وزن فاعل:

*** تزاد ألف بعد الحرف الأول، ويُكسر الحرف قبل الأخير كما في الأمثلة التالية:**

نحو: ضَرَب ضارِب، وَقَف واقِف، أَخَذ آخِذ، قَال قائِل، بَغَى باغٍ، أَتَى آتٍ، خَوَى خاوٍ، وَقَى واقٍ، مَال مائِل، زَار زائِر، أَمَن آمِن، كَوَى كاوٍ، سَعَى ساعٍ ، أوى آوٍ، حَبّ حابّ، سدّ سادّ، مَرّ مارّ، حَلّ حالّ، مَزّ مازّ، كَفّ كافّ.

ومنه قوله تعالى: ﴿ رَبِّ أجْعَل هَذا البَلد **آمِناً** ﴾ البقرة:126.

وقوله تعالى: ﴿ رَبَّنَا ما خَلَقتَ هَذا **بَاطِلاً** ﴾ آل عمران:191.

وقوله تعالى: ﴿ وفي أمَوالِهم حَقٌّ **لِلسائِلِ** والمَحرُومِ ﴾ الذاريات:19.

ونحو: فلرُبّ **عارضةٍ** علينا وصلها بالجِدّ تخلطه بِقولِ **الهازِلِ.**

ونحو: فأجبتُها بالرّفقِ بعد تسترٍ حُبّي بُثينة عن وصالِك **شاغلي.**

ونحو:

يا **رامِي** الشُّهب بالأحجار تحسبها   كالشّهب هيهات ينسى طبعه الحجر

- فإن كان الفعل معتل الوسط بالألف " أجوف " تقلب ألفه همزة مثل: قال قائل، نام نائِم ، باع بائِع، زار زائِر، خان خائِن، ثار ثائِر، سال سائِل.

ونحو: طعنتُ ابن عبد القيس طعنة **ثائرٍ**   لها نفذٌ لولا الشعاعُ أضاءها.

ونحو: الحُرّ لا يخشى لومة **لائِم**.

ونحو: خطأ **شائِع** خيرٌ من صواب مهجور.

- أما إذا كان الفعل معتل الوسط بالواو أو بالياء فلا تتغير عينه في اسم الفاعل ؛ مثل: حول حاول، حيد حايد، عور عاور.
- إذا كان الفعل الثلاثي مضعفًا لا يُفك تضعيفه في اسم الفاعل مثل: شدّ شادٌّ، حلّ حالٌّ، مزّ مازٌّ، حبّ حابٌّ، ردّ رادًّ....
- إذا كان الفعل الثلاثي يبدأ بالهمزة تُصبح مع ألف الفاعل مده مثل: أمر أامر **آمر**، أمن أامن **آمن**، أوى أاوى **آوي**، أكل أاكل **آكل**....
- وإن كان الفعل معتل الآخر (ناقصاً) فإن اسم الفاعل ينطبق عليه ما ينطبق على الاسم المنقوص، أي تُحذف ياؤه الأخيرة بشرطين:

1 ـ أن يكون نكرة.

2 ـ أن يكون في حالة الرفع أو الجر، وتبقى في حالة النصب، مثل: هذا رام، ومررت برام، ورأيت رامياً.

ومنه قوله تعالى في حالة الرفع: ﴿ مَا عِندَكُم يَنفدُ وما عِند اللهِ **بَاقٍ** ﴾ النحل:96

وقوله تعالى في حالة الجر: ﴿ فَمَنِ اضطُرَّ غَيرَ **بَاغٍ** ولا **عَادٍ** فلا إثمَ عَليهِ ﴾ البقرة:173.

وقوله تعالى في حالة النصب: ﴿ وما كُنتَ **ثاوِياً** في أهلِ مدين ﴾ القصص:45.

وبناءً على ما ذكر سابقًا قِس اسم الفاعل مما يلي: سَلب، وَجَب، سَأل، عَتَب، بَان، سَاس، حَلّ، راقُ، رقَّ، سما.

2 ـ من الفعل المزيد أو من الفعل غير الثلاثي:

يصاغ اسم الفاعل من الفعل غير الثلاثي على وزن الفعل المضارع مع إبدال حرف المضارعة ميماً مضمومة وكسر ما قبل الآخر.

مثل: طمأن مُطمئِن، انكسر مُنكسِر، استعمل مُستعمِل، انجرح مُنجرِح، استغفر مُستغفِر، ارتحل مُرتحِل، انتحر مُنتحِر، اختار مُختار، اجتاز مُجتاز.

ومنه قوله تعالى: ﴿ ولعبدٌ **مُؤمِن** خيرٌ من **مُشرِك** ﴾ البقرة:221.

وقوله تعالى: ﴿ السماء **مُنفطِر** به ﴾ الأحزاب:18.

وقوله تعالى: ﴿ أهدِنَا الصِّراط **المُستَقِيم** ﴾ الفاتحة:6.

ونحو: هل كُتِب على الموظف أن يضل **مُفلِساً؟**

وقولنا: هل ينطلق الضوء في خطّ **مُستقِيم؟**

* إذا كان الفعل غير الثلاثي رابعه ألفًا تبقى كما هي ؛ لأن الألف لا تقبل الكسر ـ مثل: اختار مختار، اعتاد معتاد، انحاز منحاز.

* وإذا كان آخره حرفًا مشددًا يبقى مشددًا ولا يكسر الرابع ؛ حفاظًا على التشديد مثل: اشتدّ مشتدّ، ارتدّ مرتدّ، اختلّ مختلّ.

❖ **من الأخطاء الشائعة:** أن نقول **مُفكَّره** والصواب **مُفكِّره.**[(1)]

ـ أن نقول **المخدَّرات** والصواب **المخدِّرات.**

(1) ـ والسبب في ذلك ؛ لأنها هي التي تذكر الإنسان، وليس الإنسان هو الذي يذكرها.

- قد يختلط اسم الفاعل وفعل الأمر ولكن السياق ومعنى الجملة هما يحدد الوزن الصرفي لهما، **تفهّم الأمثلة التالية:**

- سأل **سائل** بعذابٍ واقع:(اسم فاعل).

  سائل العلياء عنّا والزمانا:(فعل أمر).

  الديك يود **سائل**:(اسم فاعل).

- عدوُّك **قاتلٌ**: (اسم فاعل ؛ يوجد ضمة على الواو).

  عدوَّك **قاتلْ**: (فعل أمر، يوجد فتحة على الواو).

- حسابَك **راجعْ** : (فعل أمر).

  القطارُ **راجعٌ**: (اسم فاعل) .

وبناءً على ما ذكر سابقًا قِس اسم الفاعل مما يلي: انتظر، تساءل، ترقّى، تفّهم، أسال، تفاهم، استفهم، استقرأ، تلوّم، تسلىّ.

فوائد وتنبيهات

1 ـ يستعمل اسم الفاعل مفرداً ومثنى وجمعاً، مذكراً ومؤنثاً.

مثال المفرد المذكر قوله تعالى: ﴿ فَإِنَّ أجَلَ اللـهِ **لآتٍ** ﴾ العنكبوت:5.

ومثال المفرد المؤنث قوله تعالى: ﴿ وإنَّ السَّاعَةَ **لآتِيَةٌ** ﴾ الحجر:85.

ومثال المثنى المذكر قوله تعالى: ﴿ وسخَّر لَكُمُ الشَّمسَ والقَمَرَ **دائبَيْنِ** ﴾ إبراهيم: 33.

ومثال المثنى المؤنث قوله تعالى: ﴿ وإن **طائِفَتانِ** من المُؤمِنِينَ اقتَتَلُوا ﴾ الحجرات:9

ومثال الجمع المذكر قوله تعالى: ﴿ قَالَ لا أُحِبُّ **الآفِلِين** ﴾ الأنعام:76.

ومثال جمع المؤنث قوله تعالى: ﴿ **والباقِيَاتُ الصالِحَاتُ** خيرٌ عِندَ ربِّكَ ﴾ الكهف:46

2 ـ إن كان الحرف الذي قبل الآخر في الفعل المزيد ألفاً فإنه يبقى كما هو غالباً في اسم الفاعل وهذه الأفعال يتشابه فيها اسم الفاعل والمفعول.(1)

مثل: انحاز منحاز، اختار مختار، انقاد منقاد.

أما الوزن فلا يتغير وهو (مُفتعِل) لأن أصل الأفعال السابقة كالآتي:

انحاز ينحيز، اختار يختير... وهكذا، فالكسر فيها مقدر فكأننا قلنا: منحيز ومختير.

3 ـ ورد اسم الفاعل من بعض الأفعال المزيدة على غير القياس.

مثل: أحصن – مُحصَن، وأسهب – مُسهَب، وانبثَّ – مُنبَث.

وذلك بفتح ما قبل الآخر، والقياس يقتضي بكسر الحرف.

ومنه قوله تعالى: ﴿ فكانت هبَاءً **مُنبَثًّا** ﴾ الواقعة:6، والأصل فيها الكسر.

4 ـ كما ورد اسم الفاعل من بعض الأفعال المزيدة على وزن فاعل شذوذاً.

مثل: أينع يانع، أمحل ماحل، أيفع يافع، أورد وارد، أصدر صادر، أعشب عاشب، أبقل باقل.

ومنه قول الشاعر:

ثم أصدرناهما في **وارِدٍ**   **صادر** وَهْمٍ، صُوَاه قد مَثَلْ .

والأصل في أسماء الفاعلين السابقة: مُينع، مُمحل، مُورد، مُصدِر، لكن المسموع منها أفضل من المقيس. وذلك كما يقال " إذا سُمع السماع بطل القياس وإذا حضر الإمام بطل الكلام ".

(1) ـ نُفرق بين هذه الكلمات التي يختلطُ فيها اسم الفاعل واسم المفعول، عن طريق السياق ومعنى الجملة، وسأوضح ذلك في درس اسم المفعول بالتفصيل.

5 ـ حروف المضارعة ليست جزءًا من بنية الفعل، فالفعل **يكتب** فعل ثلاثي ؛ لأن الياء للمضارعة والفعل **أشرب** ثلاثي ؛ لأن الهمزة للمضارعة.

6 ـ الفعل المضارع إذا كان مضموم الأول فهو رباعي مثل: **يُسقي** من سقي و**يُجبر** من أجبر، أما إذا كان مفتوح الأول فهو ليس رباعيًا إذ قد يكون ثلاثيًا مثل: **يَسقي** من سقى، وقد يكون فوق رباعي مثل: **يَستغفر** من استغفر.

صيغ المبالغة

تعـريفهـا: هي أسماء تُشتق من الأفعال للدلالة على معنى اسم الفاعل بقصد المبالغة.

وقد تحول صيغة اسم الفاعل نفسها إلى صيغ المبالغة.

مثل: صام صوام، قام قوام، **فعل فعال**.

ومثل: صائم صوام، قائم قوام، **فاعل فعال**.

صـوغهـا: لا تؤخذ صيغ المبالغة إلا من الأفعال الثلاثية على الأوزان التالية وهي الأشهر:

1 ـ **فعَّال**، مثل: ضرّاب، قوّال، قتّال، حمّال،جبّار، فتّاك،غفّار، كذّاب.

ومنه قوله تعالى: ﴿ إِنَّ اللَّـهَ كَانَ **تَوَّابًا** رَّحِيمًا﴾ النساء:16.

وقوله تعالى: ﴿ إِنَّ رَبَّكَ **فَعَّال** لِّما يُرِيدُ ﴾ هود:107.

2 ـ **مِفعال**، مثل: مِنوال، مِكثار، مِنحار، مِقدام، مِعوان، مِطعان، مِضياع، مِزواج، مِهذار، مِعطار، مِتلاف، مِعطاء، مِقوال.

ومنه قوله تعالى: ﴿ وأرسلنا السَّماءَ عَليهِم **مِّدرَارًا** ﴾ الأنعام:6.

ونحو: لا يتأخر عن أداء الواجب جندي **مِقدام** ولا بطل هُمام.

3 ـ **فَعُول**، مثل: صَدُوق، جَزُوع، شَكُور، غَفُور، صَبُور، حَسُود، كَذُوب، عَجُول، هَتُون.

ومنه قوله تعالى: ﴿ وَحَمَلَهَا الإنسَانُ إِنَّهُ كَانَ **ظَلُوما جَهولاً** ﴾ الأحزاب:72.

وقولنا: عينٌ **هَتُون** الدَّمع.[1]

4 ـ **فعيل**، مثل: رحيم، عليم، هزيل، فهيم، سميع، حسيب، بصير، قدير،

---

(1) ـ هتون: تعني الهطول بغزاره ، وتُجمع على هُتُن مثل عمود عُمُد.

ومنه قوله تعالى: ﴿ إنَّ اللـهَ كَانَ **سَمِيعًا بَصِيراً** ﴾ النساء:58.

5 ـ **فَعِل**، مثل: حَذِر، فَطِن، قَلِق، سَمِع، فَهِم، مَلِك، سَئِم، مَزِق، جَحِد، لَبِق، جَهِل، نَهِم، شَرِه.

ومنه قوله تعالى: ﴿ بَلْ هُم قَومٌ **خَصِمُونَ** ﴾ الزخرف:58.

ونحو: من مأمنةٍ يؤتي **الحَذِر**.

فوائد وتنبيهات

1 ـ قَلَّ مجيء صيغ المبالغة من الأفعال المزيدة - غير الثلاثي - وقد ورد منها: ـ مِغْوَار من أغار، مِقْدَام من أقدم، مِعْطَاء من أعطى، مِعْوَان من أعان، مِهْوَان من أهان، دَرَاك من أدرك، بَشِير من بشّر، نَذِير من أنذر، زَهُوق من أزهق، فالأفعال الثلاثية منها غير مستخدمة.

2 ـ وردت لصيغ المبالغة أوزان أخرى غير التي ذكرناها وقد اعتبرها الصرفيون القدماء غير قياسية إلا أنها وردت في القرآن الكريم، وهذه الأوزان هي:

أ - **فُعّال**، مثل: طُوّال، كُبار، وُضّاء. و**فُعال** بتخفيف العين.

كقوله تعالى: ﴿ إنَّ هَذَا لشيءٌ **عُجَابٌ** ﴾ ص:5.

وقوله تعالى: ﴿ وَمَكَرُوا مَكرًا **كُبَّارًا** ﴾ نوح:22.

وقول الشاعر: والمرء يلحقه مقتيان الندى   خلق الكرام وليس **بالوُضّاء**

ب - **فِعِّيل**، مثل: صِدّيق، قِدّيس، سِكّير، قِسيّس، شِرّيب، شِرّير، دِرّيس.

ومنه قوله تعالى: ﴿ يُوسُفُ أيُّها **الصِدِّيق** أفتنَا ﴾ يوسف: 46.

وقوله تعالى: ﴿ ذلك بِأَنَّ مِنهُم **قِسِّيسينَ** وَرُهباناً ﴾ المائدة:82.

ج - **مِفعيل**، مثل: مِعطير، مِسكين، مِنطيق، مِسكير.

كقوله تعالى: ﴿ فَمَن لَّمْ يَستطِع فإطعَامُ سِتِّينَ **مِسكِيناً** ﴾ المجادلة:4.

د – **فُعَلة**، مثل: هُمَزة، حُطَمة، لُمَزة، هُوَزه[1]، ضُحَكة، مُسَكه، صُرَعه.

ومنه قوله تعالى: ﴿ وَيلٌ لِّكُلِّ **هُمَزةٍ لُّمَزةٍ** ﴾ الهمزة:1.

وقوله تعالى: ﴿ وما أدرَاكَ مَا **الحُطَمَةُ** ﴾ الهمزة:4.

هـ – **فاعول**، مثل: فاروق، ناطور، ساكوت، قابوس، ناموس، جاسوس.

نحو: يلقّب عمر **بالفاروق.**

و – **فيعول**، مثل: قيوم، ديوث، كقوله تعالى: ﴿ الـلـهُ لا إلَهَ إلاَّ هُوَ الحَيُّ **القَيُّومُ**﴾ البقرة:255.

ز – **فُعّول**، كقوله تعالى: ﴿ الملك **القُدّوس** ﴾ الحشر:33.

ح – **فَعّالة**، مثل:علاّمة، فهاّمة، جوّاله، رجّاله، رحّاله، سمّاعه.

ط _ **فَعالِ**، مثل فَساق: كثير الفسق.

ي ـ **مِفْعَل**، مثل: مِسْعَر: مسعرُ فتنٍ، أي يُكثر من إشعالها.

ك ـ **مِفْعَالة**، مِجْزَامة.

ل ـ **فَعَالة**، بَقَامَة: كثير الكلام.

م ـ **فُعَل**، غُدَر: كثير الغدر، أُبَر، خُبَر.

3 ـ إن صيغ (**فَعول، مِفعل، مِفعال، مِفعيل**)، صيغ يستوي فيها المذكر والمؤنث. فنقول: ـ رجل مِعطير وامرأة مِعطير.

ـ ورجل عَجُوز وامرأة عَجُوز.

ـ ورجل صَبُور وامرأة صَبُور.

---

(1) ـ هُوز: تعني الخَلْق، ويقال ما في الهُوزِ مثلهِ أي ليس في الخلق مثله.

4 ـ يأتي على وزن **فعّال** أسماء تدل على ذوي حرفه وليست صيغ مبالغة **انتبه** مثل: نجّار، حدّاد، كلاّس، خبّاز، جمّال، بزّار، صبّاغ، قصّاب .

5 ـ يشيع هذه الأيام على ألسنة العامة أسماء على وزن **فِعّيل** تدل على ذوي حرفة، ولكنهم يفتحون الفاء وهذا خطأ والصواب كسرها مثل: (دِهيِّن، قِصيِّر، طريِّش، لِحيِّم) .

اسم المفعول

تعريفه: هو اسم مُشتق من الفعل المبني للمجهول للدلالة على من يقع عليه الفعل.

مثل: ضُرِب مضروب، أُكِل مأكول، شُرِب مشروب، بُثَّ مبثوث، وُعِد موعود، أُتِي مأتي، رُجِي مرجي، مُلِئ مملوء، فُكَّ مفكوك، رُجَّ مرجوج، صِينَ مصون، زِيدَ مزيد، رَجِي مرجوّ، عُلِّي معلوّ، رِيب مريب.

صـوغـه: لا يصاغ إلا من الأفعال المتعدية المتصرفة على النحو التالي:

1 ـ من الفعل الثلاثي يصاغ على وزن مفعول:

كما في الأمثلة السابقة ومنه: الحق صوته **مسموع**.

وقوله تعالى: ﴿ فَجَعَلَهُمْ كَعَصْفٍ مَّأْكُولٍ ﴾ الفيل:5.

وقوله تعالى: ﴿ يَوْمَ يَكُونُ النَّاسُ كَالْفَرَاشِ الْمَبْثُوثِ ﴾ القارعة:4.

وقولنا: الشاي **مشروب** لذيذ الطعم.

ونحو: الكتاب **مقروء**.

ونحو: الناس حاسد و**محسود**، ولكل نعمةٍ حسود.

وقولنا: الناجحُ **مرفوع** الرأسِ.

- فإن كان الفعل معتل الوسط أي وسطه حرف علة (ألف، ياء) فيرد حرف العلة إلى أصله مع حذف واو المفعول، فيكون اسم المفعول من الفعل قال مقوول **مقول**، وباع مبيوع **مبيع**، صان مصوون **مصون**، قاس مقيوس **مقيس**.

ومما سبق يُتَّبع في أخذ اسم المفعول من الأفعال المعتلة الوسط ما يلي:

نأخذ الفعل المضارع من الفعل المراد اشتقاق اسم المفعول منه ثم نحذف حرف المضارعة ونستبدلها بالميم. مثل: قال يقول مقول، باع يبيع مبيع.

كقوله تعالى: ﴿ فَتُلقَى في جَهَنَّمَ **مَلُوماً مَّدحُوراً** ﴾ الإسراء:39.

وقوله تعالى: ﴿ وَبِئرٍ مُّعَطَّلَةٍ وَقَصرٍ **مَّشِيدٍ** ﴾ الحج:45.

- فإن كان وسط المضارع ألفاً ترد في اسم المفعول إلى أصلها الواو أو الياء (أي نأخذ مصدره أو نرجعه إلى المضارع حتى نعرف أصل الألف واو أو ياء)

مثل: خاف يخاف مخوف، فالألف أصلها الواو لأن مصدرها " الخوف"

وهاب يهاب مهيب، فالألف أصلها الياء لأن مصدرها " الهيبة "وهكذا.

- وإن كان الفعل معتل الأخر " ناقصاً " نأتي بالمضارع منه ثم نحذف حرف المضارعة ونضع مكانها ميماً مفتوحة ونضعف الحرف الأخير الذي هو حرف العلة سواء أكان واواً أو ياءً وإن كان آخره ألفًا رددناها إلى أصلها ثم ضعّفناها.

مثل: دعا يدعو مدعوّ، رجا يرجو مرجوّ، رمى يرمي مرميّ، سعى يسعى مسعيّ.[1]

ومنه قوله تعالى: ﴿ قَالُوا يا صَالِحُ قد كُنْتَ فِينَا **مَرجُوّاً** قَبلَ هَذَا ﴾ هود:62.

وقوله تعالى: ﴿ قَالَت يا ليتني مِتُّ قَبلَ هذا وَكُنتُ نَسياً **مَّنسِيّاً** ﴾ مريم:23.

وقولنا: هل أنت **مدعو** إلى الحفل معنا؟

(1) ـ في مثل هذه الكلمات (مرميّ، مسعيّ، مرجوّ... وأي كلمة على نفس الشاكلة) ، يكون فيها إعلال بالقلب وهو قلب الواو ياءً، وإدغام الياء في الياء الأصلية للفعل، وسأوضح ذلك لاحقًا في درس الإعلال بالتفصيل.

- إذا كان الفعل الثلاثي مضعفًا يُفكّ التضعيف[1] ؛ لوقوع واو مفعول بين الحرفين المدغمين، مثل: عدّ معدود، مدّ ممدود، شدّ مشدود،....

وبناءً على ما ذكر سابقًا قِس اسم المفعول مما يلي: حمى، قضى، طوى، دنا، شكا، بها، نسي، وعد، يمن، زاد، زان، باع، دان، فكّ، حفّ.

2 ـ من الفعل المزيد أو غير ثلاثي:

يصاغ على وزن الفعل المضارع مع إبدال حرف المضارعة ميماً مضمومة وفتح ما قبل الآخر.

مثل: أنزل ينزل مُنزَل، انطلق ينطلق مُنطلَق، انحاز ينحاز مُنحاز، استعمل يستعمل مُستعمَل، استفهم يستفهم مُستفهَم، تعلّم يتعلّم مُتعلّم، ارتدي يرتدي مُرتدَى، اصطفى يصطفي مُصطفَى.

ومنه قوله تعالى: ﴿ وإنَّكَ لَمِنَ **المُرسَلِينَ** ﴾ البقرة:252 .

وقوله تعالى: ﴿ هَذا **مُغتَسَلُ** بَارِدٌ وَشَرَابٌ ﴾ ص:42.

وقوله تعالى: ﴿ وأنِفقُوا مِمَّا جَعَلكُم **مُستَخلَفِينَ** فِيهِ﴾ الحديد:7.

ونحو: يحترم الناسُ كلّ **مُهذَّب**.

- إذا كان الفعل المضارع ينتهي بياء فإنها تُقلب ألفًا في اسم المفعول، مثل: اشتهى يشتهي مُشتهَى، استعدى يستعدي مُستعدى.

❖ من الأخطاء الشائعة:

ـ أن نقول **متوفي** والصواب **متوفّى**.

ـ أن نقول **مُستشهِد** والصواب **مُستشهَد**.

ـ أن نقول **مُعمِّر** والصواب **مُعمَّر**.

---

(2) ـ كما نلاحظ بأن هذا عكس اسم الفاعل، فإذا كان الفعل مضعّف لا يُفكّ في اسم الفاعل.

ملاحظة: إذا تلا اللفظة المبدوءة بميم شبة جملة جار ومجرور[1] فتكون **غالباً** اسم مفعول ؛ مثل: الزيت **المستخرج** من الزيتون ونحو: الغرفة **مستودع** فيها الأسرار. ونحو: هل شهادة أخوك **مُعترَف** بها؟

- إذا كان الفعل على وزن **افتعل** وكان أخره مضعفًا **أو** ما قبل الأخر ألفًا فلا يُفتح الحرف قبل الأخير، مثل: احتل مُحتّل، اشتد مُشتّد، اختار مُختار.
- قد يختلط اسم المفعول واسم الفاعل في الصياغة من الفعل غير ثلاثي ولكن السياق ومعنى الجملة هو الذي يحدد. **تفهّم الأمثلة التالية:**

✓ حرص **مُختار** النصوص **المختارة** على تنمية الذوق الجمالي للطلبة.

مُختار الأولى: اسم فاعل ؛ لأنه هو الذي اختار ، المختارة الثانية: اسم مفعول ؛ لأنها وقع عليها الاختيار.

من **مختار** هذه النصوص؟ اسم فاعل ؛ لأنه هو الذي اختار.

من **مختار** قريتكم؟ اسم مفعول ؛ لأنه وقع عليه الاختيار.

من **مختار** الورود؟ اسم فاعل ؛ لأنه هو الذي اختارها.

✓ **مُستخرج** الزيت عامر: اسم فاعل.

الزيت **المُستخرج** من الزيتون: اسم مفعول.

وبناءً على ما ذُكِر سابقًا قِس اسم المفعول مما يلي: فوّض، أثار، استباح، استجاب، نادى، تبرعم، استورد، استرد، بعثر، أهمل، استكثر، أقال، أدّعى، تجاهل، ربّى، قدّس، أباح، قرّر، ألّف.

---

(1) ـ شرط بأنه لا يجوز حذف شبه الجملة، أما قولنا: ما مساحة الأراضي المرويّة في الأردن؟ فهنا يجوز حذف شبه الجملة فإذن ليست اسم مفعول.

فوائد وتنبيهات

1 ـ إذا كان الفعل لازماً يكون اشتقاق اسم المفعول منه حسب القواعد السابقة بشرط استعمال شبه الجملة " الجار والمجرور أو الظرف " مع الفعل.

مثال: ذهب به ـ مذهوب به، جاء به ـ مجيء به.

ومنه قوله تعالى: ﴿ جَنَّاتِ عَدنٍ **مُّفَتَّحَةً لَّهُم** الأبوَابُ ﴾ ص:50.

2 ـ وردت أوزان أخرى بمعنى اسم المفعول ولكنها ليست على وزنه أشهرها:

أ ـ **فَعْل**، مثل: فَرْش بمعنى مفروش، كَنْز بمعنى مكنوز، قَرْض بمعنى مقروض، كقوله تعالى: ﴿ مَّن ذَا الَّذِي يُقرِضُ اللـهَ **قَرْضاً** حَسَناً ﴾البقرة:245، بمعنى: مقروض.

ب ـ **فِعْل**، مثل: ذِبْح بمعنى مذبوح، وطِحْن بمعنى مطحون، طِرْح بمعنى مطروح، قِطْف بمعنى مقطوف.

ومنه قوله تعالى: ﴿ وَيَقُولُونَ **حِجْرا** مَّحْجُورًا ﴾ الفرقان:22.

وقوله تعالى: ﴿ هُمْ أَحسَنُ أَثَاثاً **وَرِئْياً** ﴾ مريم:74، بمعنى مرئيّ.

جـ ـ **فَعَل**، مثل: سَلَب بمعنى مسلوب، وعَدَد بمعنى معدود، وَلَد بمعنى مولود.

كقوله تعالى: ﴿ إِنَّكُم وَمَا تَعبُدُونَ مِن دُونِ اللـهِ **حَصَبُ** جَهَنَّمَ ﴾ الأنبياء:98، بمعنى: محصوب.

وقوله تعالى: ﴿ قُل أَعُوذُ بِرَبِّ **الفَلَق** ﴾ الفلق:1، بمعنى المفلوق.

د ـ **فُعْلَة**، مثل: مُضْغَة بمعنى ممضوغ، أُكْلَة بمعنى مأكول.

ومنه قوله تعالى: ﴿ ثُمَّ مِن عَلَقَةٍ ثُمَّ مِن **مُضْغَةٍ** ﴾ الحج:5، أي ممضوغة.

هـ ـ **فَعُولة**، مثل: حَلُوبة ورَكُوبة بمعنى مَحلوبة ومَركوبة.

و**فَعُول**، نحو قوله تعالى: ﴿ وَذَلَّلناها لَهُم فَمِنها **رَكُوبُهُم** ﴾ يس:72 .

وقوله تعالى: ﴿ وَآتَينَا دَاوُدَ **زَبُورًا** ﴾ النساء:163، أي مزبور.

و ـ **فعيل**، غالبًا يأتي بمعنى مفعول، مثل: ذبيح بمعنى مذبوح، وقتيل بمعنى مقتول، وطحين بمعنى مطحون، جريح بمعنى مجروح جريش بمعنى مجروش، هريس بمعنى مهروس، ويشترك فيه المذكر والمؤنث.

ومنه قوله تعالى: ﴿ وَمَا هُوَ عَلَى الغَيبِ **بِضَنِينٍ** ﴾ التكوير:24، بمعنى مضنون

وقوله تعالى: ﴿ مِنهَا قَائِمٌ **وَحَصِيدٌ** ﴾ هود:100، بمعنى محصود.

وخلاصة القول في " فعيل " أن كل فعل سمع له " فعيل " بمعنى فاعل لا يؤخذ منه " فعيل " بمعنى مفعول وما لم يسمع منه يؤخذ منه كما في الأمثلة السابقة.

ز ـ **فَعُول**، مثل: صَبُوح بمعنى مصبوح، رَسُول بمعنى مرسول، جَزُور بمعنى مجزور.

فائدة: ورد اسم مفعول من الفعل المزيد بالهمزة " أفعل " على وزن مفعول على غير اطراد أي على غير قواعد اللغة العربية ؛ مثل: أضعف الشيء، فهو مضعوف، وأزكمه الله، فهو مزكوم، وأسعدك الله فأنت مسعود. [1]

فائدة: يمكن أن نلحظ تأثير الازدواج[2] في صياغة اسم المفعول، **ومثال** ذلك قول الرسول صلى الله عليه وسلم " خيرُ المالِ سكّه مأبورة[3]، أو مُهرةٌ مأمورة "، ومعنى مأمورة هنا، كثير الولد وكثير النسل، والأصل فيها أن تكون من الفعل الرباعي (آمر) وليس من الفعل الثلاثي (أمر)، فالأصل أن يأتي اسم المفعول منها على زنه

---

(1) ـ وكذلك قولنا: أجنّه فهو مجنون، وأسلّه فهو مسلول، وأفكّه فهو مفكوك، وأحمّه فهو محموم، قد وردت على غير القاعدة.

(2) ـ الازدواج: بمعنى ازدوج الكلام وتزاوج أشبه بعضه بعضًا في السجع والروي.

(3) ـ مأبورة: ونقول السكّه مأبورة أي الطريقة المصطفّة من النخل، والمأبورة: المُلقحه، وهي من الفعل الثلاثي (أبر).

(مُؤَمَرةٌ) على مُفعلةٍ، ولكن في الحديث الشريف جاءت علـى وزن مـأمورة وهـي مـن الفعـل الرباعي آمر والسبب في ذلك هو الازدواج والتناسب مع كلمة مأبورة.[1]

كما لاحظنا بأن صياغة اسم المفعول قد يؤثُّر فيها الازدواج والتناسق، فيغترّ الطلاب عند النظـر إلى كلمة مأمورة، ويظنّون بأنها من أصل ثـلاثي **أمـر** ؛ لأنهـا جـاءت عـلى وزن مـأمور مفعـول، ولكن كما بينًّا بأن هَـذَا نـاتِجٌ عـن أثـر الازدواج والانسـجام والتَوافـق بـين الكلـمات في الـوزن والروي.

(4) ـ انظر: د. جزاء المصاروة، بحث بعنوان ظاهرة الازدواج في العربيـة ـ مؤتـة للبحـوث والدراسـات 2005، عـالج ظـاهرة الازدواج بأكملها وتأثيرها على البنية الصرفية والنحوية والدلالية.

الصفة المشبهة

تعـريفهـا: هي اسم مشتق من الفعل الثلاثي اللازم للدلالة على معنى اسم الفاعل على وجه الثبوت.

مثل: حَسَنٌ، وأَحمَرُ، وعَطْشانُ، وتَعِبٌ، وكَرِيمٌ، وخَشِنٌ، وبَطَلٌ، فرحانُ، شَهْمٌ، طَاهِرٌ.

كقوله تعالى: ﴿ إنَّهُ **لَفَرِحٌ** فَخُور ﴾ هود:10.

وقوله تعالى: ﴿ وَلَمَّا رَجَعَ مُوسَى إلى قَومِهِ **غَضْبانَ** أَسِفاً قَالَ ﴾ الأعراف:150

ومنه قولهم: فلان **رقيق** الحاشية، **كريم** السجايا، **ضامِر** البطن، **مؤدَّب** الخُدّام.

ومنه قول الشاعر: هيفاءُ مقبلةً **عَجْزاءُ** مدبِرةً   مخطوطةٌ جُدِلت **شَنْباءُ** أنياباً.

وقول الشاعر: **بيضُ** الوجوه **كريمةٌ** أحسابهم   **شُمُّ** الأنوف من الطِّراز الأوَّلِ.

- وقد سمي هذا النوع من المشتقات بالصفة المشبهة ؛ لأنها تشبه الفاعل في دلالتها على معنى قائم بالموصوف، غير أن الفرق بينها وبين اسم الفاعل: أنه يدل على من قام به الفعل على وجه الحدوث والتغيير والتجدد، وهي تدل على من قام بالفعل على وجه الثبوت في الحال أو الدوام، ولا يعني الثبوت بالضرورة الاستمرار.

فكلمة فرح وغضبان ورقيق وكريم كل منها وصف ثابت في موصوفها، ولكن ليس من الضروري أن يستمر هذا الثبوت، بل قد يكون ثبوتاً في الحال أو ثبوتاً على الدوام.

صياغة الصفة المشبهة:

تصاغ الصفة المشبهة من الأفعال الثلاثية اللازمة على الأوزان التالية:

" انظر الجـدول "

الرقم	الفعل	وزنه	الصفة المشبهة	وزنها	دلالتها
1 – أ	فَرِح	فَعِلَ	فَرِحٌ	فَعِلٌ	فيما دل على فرح وسرور.
	حَزِنَ	فَعِلَ	حَزِنٌ	فَعِلٌ	فيما دل على حزن أو خوف.
	مَغِصَ	فَعِلَ	مَغِصٌ	فَعِلٌ	فيما دل على ألم.
	فَطِنَ	فَعِلَ	فَطِنٌ	فَعِلٌ	فيما دل على صفة حسنة.
ب –	حَمِرَ	فَعِلَ	أحْمَرٌ	أفْعَلٌ	فيما دل على لون ومؤنثه حمراء
	عَرِجَ	فَعِلَ	أعْرَجٌ	أفْعَلٌ	فيما دل على عيب ومؤنثه عرجاء
	حَوِرَ	فَعِلَ	أحْوَرٌ	أفْعَلٌ	فيما دل على حلية ومؤنثه حوراء
جـ –	عَطِشَ	فَعِلَ	عَطْشَانٌ	فَعْلانٌ	فيما دل على خلو ومؤنثه عطشى
	شَبِعَ	فَعِلَ	شَبْعَانٌ	فَعْلانٌ	فيما دل على امتلاء ومؤنثه شبعى

2	كَرُمَ	فَعُلَ	كَرِيم	فَعِيلٌ	أوزان أقل شهرة
أ	ضَخُمَ	فَعُلَ	ضَخْم	فَعْلٌ	
	شَجُعَ	فَعُلَ	شُجَاعٌ	فُعَالٌ	
	جَبُنَ	فَعُلَ	جَبَانٌ	فَعَالٌ	
	حَسُنَ	فَعُلَ	حَسَنٌ	فَعَلٌ	
	حَلُوَ	فَعُلَ	حُلْوٌ	فُعْلٌ	
	جَنُبَ	فَعُلَ	جُنُبٌ	فُعُلٌ	
	طَهُرَ	فَعُلَ	طَهُورٌ	فَعُولٌ	
	خَشُنَ	فَعُلَ	خَشِنٌ	فَعِلٌ	
	صَفُرَ	فَعُلَ	صِفْرٌ	فِعْلٌ	

تنبيهات وفوائد

يُلاحظ مِن الجدول السابق ما يأتي:

1 ـ تصاغ الصفة المشبهة من الفعل الثلاثي اللازم على وزن الذي يكون على وزن (فَعِل) على الأوزان التالية:

أ – **فَعِلٌ**، فيما دل على فرح وسرور، مثل: جَذِلٌ، وطَرِبٌ، ورَضِيٌ.

ومنه قوله تعالى: ﴿ وَيَتولَّوا وَّهُم **فَرِحُون** ﴾ التوبة:50.

وقوله تعالى: ﴿ انقَلَبُوا **فَكِهِين** ﴾ المطففين:31.

أو دل على حزن مثل: شجٍ، وكَمِد، حَزِن، ومنه قوله تعالى: ﴿وَقُلُوبُهُم **وَجِلَةٌ**﴾ المؤمنون:60.

أو دل على ألم أو الأمراض الباطنية مثل: وَجِع، وتَعِب، وأَشِر، ونَكِد، وقَلِق

ومنه قوله تعالى: ﴿ إنّهُم كَانُوا قَوْماً **عَمِين** ﴾ الأعراف:64.

وقوله تعالى: ﴿ والَّذِي خَبُثَ لا يَخرُجُ إلا **نَكِدًا** ﴾ الأعراف:58.

وقوله تعالى: ﴿ بَل هُوَ كَذَّابٌ **أَشِر** ﴾ القمر:26.

أو فيما دل على صفة حسنة مثل: لَبِق، وسَلِس.

ب - **أفْعَلٌ**، فيما دل على لون أو عيب. ومؤنثه فَعلاء مثل: أَخْضَر- خضراء، وأَصْفَر صفراء، وأَسْوَد سوداء، أعْرَج عرجاء، أعْوَر عوراء، والوزنان (المؤنث والمذكر) من الصفات المشبهة.

ومنه قوله تعالى: ﴿ الَّذِي جَعَل لَكُم مِن الشَّجَرِ **الأخْضَرِ** نَاراً ﴾ يس:80.

وقوله تعالى: ﴿ حَتَّى يَتَبيَّن لَكُم الخَيطُ **الأبْيَضُ** مِن الخَيطِ **الأسْوَد** ﴾ البقرة:187.

أو فيما دل على عيب مثل: أحول، وأكتع، وأبتر، وأعمى، وأبكم، وأبرص.

ومنه قوله تعالى: ﴿ إنَّ شَانِئَك هُوَ **الأبْتَرُ** ﴾ الكوثر:3.

وقوله تعالى: ﴿ لَّيسَ عَلَى **الأعْمَى** حَرَجٌ ولا عَلَى **الأعْرَج** حَرَجٌ ﴾ النور:61.

أو فيما دل على حلية مثل: أحيل، وأهيف[1].

ج - **فَعْلان**، ومؤنثه فعلى. فيما دل على خلو وامتلاء،

مثل: صَدْيان وعَطْشان ولَهْفان ورَيْان وشَبْعان وغَضْبان، والوزنان (المذكر والمؤنث) من الصفات المشبهة.

ومنه قوله تعالى: ﴿ يَحسَبُهُ **الظَّمْآنُ** مَاءً ﴾ النور:39.

---

(1): الأهيف: هو ضمر البطن والخاصر، وتكون بفتحتين، ونقول: رجل أهيفُ وأمراه هيفاءُ وقوم هيفٌ.

2 ـ وتصاغ من الفعل الثلاثي اللازم الذي يكون على وزن " فَعُلَ " بضم العين غالباً على الأوزان التالية:

أ – **فعيل**، مثل: شريف وعظيم، وبخيل، ونحيل، وشديد فيما دل على صفة ثابتة.

ومنه قوله تعالى: ﴿ وأَنَا لَكُم نَاصِح **أَمِين** ﴾ الأعراف:68.

وقوله تعالى: ﴿ وأنبَتَت مِن كُلِّ زَوجٍ **بَهِيجٍ** ﴾ الحج:5.

ب – **فَعْل**، مثل: شَهْم، فَحْل، سَمْح، صَعْب، سَمْج، قَرْض.

ومنه قوله تعالى: ﴿ وَشَرَوهُ بِثَمَنٍ **بَخْسٍ** ﴾ يوسف:20.

وقوله تعالى: ﴿ إنّهُ هُوَ **البَرُّ** الرَّحِيمُ ﴾ الطور:28.

وقوله تعالى: ﴿ مَّن ذَا الَّذِي يُقْرِضُ اللـهَ **قَرْضًا** حَسَنًا ﴾ البقرة:245.

ج – **فُعَال**، مثل: هُمَام، صُرَاح، فُرَات، أُجَاج. كقوله تعالى: ﴿ وَهَذَا مِلْحُ **أُجَاجٌ**﴾ الفرقان:53.

وقوله تعالى: ﴿ هَذَا عَذْب **فُرَاتٌ** ﴾ الفرقان:53.

وقوله تعالى:﴿ ثُمَّ يَجْعَلُهُ **رُكَاماً** ﴾ النور:43.

د – **فَعَل**، مثل: بَطَل، وحَسَن، ورَغَد، وعَرَض، ووَسَط.

ومنه قوله تعالى: ﴿ وَكَذلِكَ جَعَلناكُم أُمَّةً **وَسَطًا** ﴾ البقرة:143.

وقوله تعالى: ﴿ تَبتَغُونَ **عَرَضَ** الحَيَاةِ الدُّنيَا ﴾ النساء:94.

هـ – **فُعْل**، مثل: صُلْب، وحُرّ، وحُلْو، ومُرّ.

كقوله تعالى: ﴿ لَّقَد جِئْتَ شَيئاً **نُّكْرًا** ﴾ الكهف:74.

و – **فُعُل**، مثل: جُرُز، وفُرُط، ونُكُر، وكُفُؤ.

كقوله تعالى: ﴿ وَلَم يَكُن لَّهُ **كُفُواً** أَحَدُ ﴾ الإخلاص:4.

وقوله تعالى: ﴿ وَالجَارِ **الجُنُب** ﴾ النساء:36.

وقوله تعالى: ﴿ وَكَان أمرُهُ **فُرُطاً** ﴾ الكهف:28.

ز - **فَعُول**، مثل: وَقُور، وطَهُور، وعَجُوز.

ومنه قوله تعالى: ﴿ أألد وَأنَا **عَجُوزٌ** ﴾ هود:72.

وقوله تعالى: ﴿ وَلا الظِلُّ وَلا **الحَرُور** ﴾ فاطر:21.

ح - **فَعِل**، مثل: سَمِحٌ، طَهِرٌ. ومنه قوله تعالى: ﴿ فَأَخرجنَا مِنهُ **خَضِراً**﴾ الأنعام:99 .

ط - **فِعْل**، مثل: مِلْح، وصِفْر، وضِعْف، ورِخْو.

ومنه قوله تعالى: ﴿ قَال لِكُلٍّ **ضِعْفٌ** ﴾ الأعراف:38.

وقوله تعالى: ﴿ وَفَدينَاهُ **بِذبح** عَظِيمٍ ﴾ الصافات:107.

ك ـ قد ترد الصفة المشبهة على وزن " **فَيْعِل** " على رأي البصريين أما الكوفيون فيرون أن وزنها فعيل، وذلك من الفعل الثلاثي اللازم الذي على وزن " فَعَلَ " المعتلّ العين، وهي قليلة.

مثل: مات - ميّت، ساد - سيّد، بان - بيّن، ساء - سيّء، صاب - صيّب.

كقوله تعالى: ﴿ لَولا يَأتُونَ عَليهم بِسُلطانٍ **بَيِّنٍ** ﴾ الكهف:15.
وقوله تعالى: ﴿ وَألفَيَا **سَيِّدَهَا** لدَا البَابِ ﴾ يوسف:35.
وقوله تعالى: ﴿ أو **كَصَيِّبٍ** مِن السَّماءِ ﴾ البقرة:19
ومن الصحيحة العين على وزن فَيْعَل، مثل: صَيْرَف، فَيْصَل.
ل ـ تأتي الصفة المشبهة على وزن اسم الفاعل أو اسم المفعول فيما دل على الثبوت وحينئذ تكون مضافة إلى ما بعدها.
مثل: طاهر القلب، مستقيم الرأي، معتدل القامة، موفور الذكاء، مغفور الذنب
ومنها كل وصف جاء من الفعل الثلاثي بمعنى اسم الفاعل ولم يكن على وزنه، مثل: شيخ بمعنى شائخ، وسيِّد بمعنى سائِد، وطيِّب بمعنى طائِب.

ويشترط دلالتها على الثبوت، وهي مأخوذة من الأفعال الثلاثية المتعدية المفتوحة العين

" فَعَلَ " وهي أيضاً قليلة.

ومنها: حريص من حَرَصَ وهي بمعنى حارص، وعفيف من عـفَّ بمعنـى عـافف وخفيـف مـن

خفَّ بمعنى خافف، وجواد من جادَّ بمعنى جائد.

الفرق بين الصفة المشبهة واسم الفاعل

❖ تختلف الصفة المشبهة عن اسم الفاعل في أمورٍ خمسة هي:

1 ـ أنها تصاغ من الفعل الثلاثي اللازم، أما اسم الفاعل فيصاغ من الثلاثي اللازم والمتعدي على حدٍ سواءَ، وما ورد من صفات مشبهة مشتقة من أفعال ثلاثية متعدية فهي سماعية كعليم، وسميع، أو جاءت على وزن اسم الفاعل بعد إنزال فعله منزلة اللازم وأريد به الدوام مثل: قاطع السيف، ومسمع الصوت.

2 ـ أنها لا تكون إلا للمعنى الدائم الملازم لصاحبها في كل الأزمنة (الثبوت). مثل: محمد حسن الخلق. فحسن صفة لخلق محمد لازمته على الدوام في الماضي والحاضر والمستقبل.

إلا إذا وجدت قرينة تدل على خلاف الحاضر. كأن تقول: كان محمد حسناً فقبح أما اسم الفاعل فلا يكون إلا لأحد الأزمنة الثلاثة.

3 ـ أنها يغلب عليها عدم مجاراتها المضارع تذكيراً وتأنيثاً - أي في حركاته وسكناته - كما في قولنا جميل الظاهر، أبيض الشعر، ضخم الجثة.

ويقل في مجاراتها له كما في قولنا: طاهر القلب، معتدل القامة.

ومن غير الثلاثي تلزم مجاراتها له، أما اسم الفاعل فإنه يجاري المضارع في النوعين لزوماً.

والمقصود من المجاراة المذكورة: الموافقة العامة في الحركات والسكنات وإن اختلفت أعيان الحركات، فالصفة فَرَحٌ مفتوحة الأول ومفتوحة الثاني، في حين أن فعلها يَفْرح مفتوح الأول وساكن الثاني.

4 ـ عدم تقدم منصوبها عليها بخلاف منصوب اسم الفاعل.

5 ـ أنها تجوز إضافتها إلى فاعلها، بل يستحسن فيها ذلك.

مثل: حسن الخلق، ومعتدل الرأي ، كريم الحَسَب ، حَسَنُ الوجهِ . والأصل: حسـن خلقـه، ومعتدل رأيه

أما اسم الفاعل فلا يجوز فيه ذلك، فـلا يقـال: الفـارس مصيب السهـم الهـدف. أي: مصيب سهمه الهدف

اسم التفضيل

تـعريفه: هو اسم مشتق من الفعل على وزن (أفعل) للدلالة على أن شيئين اشتركا في صـفة معينة وزاد أحدهما على الآخر في تلك الصفة.

مثل: أكرمُ، أحسنُ، أفضلُ، أجملُ، أقبحُ، ألطفُ، أبخلُ، أجبنُ.

ومنه قوله تعالى: ﴿ إذ قَالُوا لَيُوسُفُ وأخُوهُ **أَحَبُّ** إلى أَبِينَا مِنَّا ﴾ يوسف:8.

وقوله تعالى: ﴿ أنا **أكثرُ** مِنكَ مالاً و**أعزُّ** نَفَرًا ﴾ الكهف:34.

وتقول: أنس **أكرمُ** من محمد، والعصير **أفضلُ** من القهوة.

ونحو: موسى **أبخلُ** من محمد.

صياغة اسم التفضيل:

يجب أن تتوافر في الفعل الذي يصاغ منه اسم التفضيل الشروط التالية:

1 ـ أن يكون الفعل **ثلاثيا**، مثل: كَرُم، ضَرَب، عَلِم، كَفَر، سَمِع، فَهَم.

كقوله تعالى: ﴿ هُوَ **أَفْصَحُ** مِنِّي لِساناً ﴾ القصص:34، من الفعل فَصُح.

وقوله تعالى: ﴿ ذلكم **أَقْسَطُ** عِنَد اللـهِ وَأَقوَمُ لِلشَّهادةِ ﴾ البقـرة: 282، مـن الفعـل قَسَـط.

ونحو: أخوك **أَعْلم** منك، من الفعل عَلِم.

2 ـ أن يكون **تاماً** غير ناقص، فلا يكون من أخوات كان أو كاد وما يقوم مقامهما.

3 ـ أن يكون **مثبتًا** غير منفي، فلا يكون مثل: ماعَلِم، ولا يَنْسى.

4 ـ أن يكون **مبنياً للمعلوم**، فلا يكون مبنياً للمجهول، مثل: يُقال، ويُعلم.

5ـ أن يكون **تام التصرف** غير جامد، فلا يكون مثل: عسى، ونعم، وبئس، وليس، وحبّذا، وحرى، ونحوها.

6ـ أن يكون **قابلاً للتفاوت**، بمعنى أن يصلح الفعل للمفاضلة بالزيادة أو النقصان، فلا يكون مثل: مات، وغرق، وعمي، وفني، وباد، وعدم، وهلك ونجا، وحم، وما في مقامها ؛ لأنها أفعال يتساوى فيها جميع الناس.

7 ـ ألا يكون **الوصف منه على وزن أفعل الذي مؤنثه على وزن فعلاء**، مثل: عرج، وعور، وحول، وحمر، فالوصف منها على وزن أفعل: أعرج ومؤنثه عرجاء، وأعور ومؤنثه عوراء، وأحول ومؤنثه حولاء، وأحمر ومؤنثه حمراء وذلك كي لا يلتبس الوصف باسم التفضيل، فإذا قيل: الوردُ **أحمرُ**. عُلِم أن أحمر وصف وليست اسم تفضيل.

ملوحظة (1): فإذا استوفي الفعل الشروط السابقة صغنا اسم التفضيل منه على وزن " أفعل " مباشرة وتسمى الطريقة المباشرة.

كقوله تعالى: ﴿ والفِتنَةُ **أكْبَرُ** مِن القَتلِ ﴾ البقرة:217.

وقولنا: أنس **أصْدَقُ** مِن أحمد. وغيرها من الأمثلة السابقة الذكر.

ملوحظة (2): أما إذا افتقد الفعل شرطاً من الشروط السابقة فلا يصاغ اسم التفضيل منه مباشرة وإنما يتوصل إلى التفضيل منه بذكر مصدره الصريح مع اسم تفضيل مساعد مثل (أكثر، أشد، أكبر، أجمل، أحسن، ونظائرها.) وتسمى هذه الطريقة الطريقة غير مباشرة، ويُعرب المصدر بعدها تمييزاً، ونلخص ذلك في أربعة قواعد وهي كالتالي:

القاعدة الأولى: إذا كان الفعل غير ثلاثي فنأتي باسم تفضيل ملائم على وزن أفعل ثم نأتي بمصدر الفعل نفسه، (اسم تفضيل مناسب + مصدر الفعل غير الثلاثي) ، نحو: الكويت **أكْثرُ إنتَاجًا** للبترول من غيرها.

ونحو: المؤمنون **أشدُ احتمالاً** من غيرهم.

القاعدة الثانية: إذا كان الفعل ناقصًا، نأتي باسم تفضيل ملائم على وزن أفعل ثُمَّ نضع الفعل الناقص مسبوقًا بما المصدرية، (اسم تفضيل + ما المصدرية + الفعل الناقص)، نحو: الظلم **أَوْقعُ ما يكون** مؤلمًا.

ونحو: الطالب **أفضلُ ما يصير** مجتهدًا.

القاعدة الثالثة: إذا كان الفعل مبنيًا للمجهول فنأتي باسم تفضيل ملائم على وزن أفعل ثُمَّ نضع أن المصدرية وبعدها الفعل المبني للمجهول، (اسم تفضيل + أن المصدرية + الفعل المبني للمجهول)، نحو: الأم **أحقُ أن تُرعى**.

ونحو: المُحسن **أَحقُ أن يُكافأ**.

القاعدة الرابعة: إذا كان الفعل منفيًا فنأتي باسم تفضيل على وزن أفعل ثم نضع أن المصدرية ثُمَّ الفعل المنفي، (اسم تفضيل + أن المصدرية + الفعل المنفي)

نحو: الكلام الرزيل **أولى أن لا يُسمع**.

ونحو: الأمهات **أولى أن لا يشعرن** بضيق.

حالات اسم التفضيل وأحكامه

لاسم التفضيل في الاستعمال أربع حالات هي:

أولاً: أن يكون مجرداً من أل التعريف والإضافة - " نكرة " - وحينئذ يكون **حكمه** وجوب الإفراد والتذكير أي أنه لا يتبع المفضّل في عددهِ ولا في جنسهِ، ويُذكَر بعدهُ المفضل عليه مجرورًا بِمن وقد يُحذف، ولا يطابق المفضّل.

ومنه قوله تعالى: ﴿ وَلَعَذابُ الآخِرَة **أَشَدُّ** وَأبقَى ﴾ طه:127.

ومنه قوله تعالى: ﴿ وإثمُهُمَا **أَكْبَرُ** مِن نَّفعِهِمَا ﴾ البقرة:219.

ومثل: محمد **أكْبرُ** من أخيه، أو محمد **أكبرُ** سناً.

ونحو: الأمُّ **أغلى** من العيون.

ومثل: البنتان **أكبر** من أختيهما. فالمفضّل مثنى (البنتان) واسم التفضيل مفرد مذكر.

وكذلك: الأولاد **أكبر** من إخوانهم. فالمفضّل جمع (الأولاد) واسم التفضيل مفرد مذكر.

ومنه قوله تعالى: ﴿ هَؤُلاءِ **أَهْدَى** مِنَ الذِين آمنُوا سَبِيلاً ﴾ النساء:51.

وقوله تعالى: ﴿ لخلق السَّمَواتِ والأرضِ **أَكْبَرُ** مِن خَلقِ النَّاسِ ﴾ غافر:57.

وقولنا: رُبَّ صديقٍ **أودّ** من شقيقٍ.

ثانياً: أن يكون نكرة مضافاً إلى نكرة، **وحكمة** مثل الحالة الأولى، لكنه لا يؤتي بعده بـ (من)، ويعرب الاسم الذي بعده مضاف إليه.

كقوله تعالى: ﴿ وَكانَ الإنسَانُ **أَكْثَرَ** شيءٍ جَدَلاً ﴾ الكهف:54.

وقوله تعالى: ﴿ وللآخِرَةُ **أَكْبَرُ** دَرَجَاتٍ و**أَكْبَرُ** تَفضِيلاً ﴾ الإسراء:21.

وقوله تعالى: ﴿ ولا تَكُونوا **أَوَّلَ** كَافِرٍ بِهِ ﴾ البقرة:41.

وقوله تعالى: ﴿ ثُمَّ رَدَدناهُ **أَسْفَلَ** سَافِلينَ ﴾ التين:5.

ونحو: الكتاب **أفضَلُ** صديق.

ومثل: القصة **أفضَلُ** وسيلة للتخفيف عن النفس.

ونحو: الفقر والجوع **أبرَزُ** عائقين في طريق التقدم.

وقولنا: الكتابان **أفضَلُ** صديقين.

ونحو: القصتان **أفضَلُ** قصتين في المكتبة.

ثالثاً: أن يكون معرفاً بأل، **وحكمه** وجوب مطابقته للمفضّل، ولا يذكر بعده المفضل عليه.

ومنه قوله تعالى: ﴿ يَومَ الحَجِّ **الأَكْبَرِ** ﴾ التوبة:3.

وقوله تعالى: ﴿ حَافِظُوا على الصَّلوات والصَّلاةِ الوُسْطَى ﴾ البقرة:238.

وقوله تعالى: ﴿ مِن الذين استَحقَّ عَلَيهِمُ الأَوْليان ﴾ المائدة:107.

وقوله تعالى: ﴿ هل تَرَبَّصُونَ بِنَا إلا إحدَى الحُسنَيَينِ ﴾ التوبة:52.

وقوله تعالى: ﴿ فَأُولئكَ لَهُم الدَّرَجَاتُ العُلَى ﴾ طه:75 .

وقوله تعالى: ﴿ ولا تَحزنُوا وَأَنتُمُ الأَعْلَونَ ﴾ آل عمران:139.

ونحو: خليل هو الأَصغر سنًّا، فالمفضل مفرد مذكر واسم التفضيل مفرد مذكر.

ومثل: الطالبة هي الصغرى سنًّا، فالمفضل مفرد مؤنث واسم التفضيل مفرد مؤنث.

ومثل: الطالبان هما الأَصغران سناً، فالمفضل مثنى مذكر واسم التفضيل مثنى مذكر.

ونحو: الطالبتان هما الصغريان سنًّا.

ونحو: الطالبات هن الصغريات سنًّا.

ونحو: الطلاب هم الأَصاغر سنًّا أو الأَصغرون.

رابعاً: أن يكون مضافاً إلى معرفةٍ، **وحكمة** جواز المطابقة وعدمها، وامتناع مجيء مِن والمفضـل عليه بعده.

ومنه قوله تعالى: ﴿ فَتَبَارَكَ اللهُ أَحْسَنُ الخَالِقِينَ ﴾ المؤمنون:14.

وقوله تعالى: ﴿ وَلَتَجِدَنَّهُم أَحْرَصَ النَّاسِ عَلى حَيَاةٍ ﴾ البقرة:96.

وقوله تعالى: ﴿ وَقَالت أُولاهُم لأُخراهُم ﴾ الأعراف:39.

وقوله تعالى: ﴿ وَكَذلكَ جَعَلنَا في كُلِّ قَرْيَةٍ أَكَابِرَ مُجرِميهَا ليمكُرُوا فيهَا ﴾ الأنعام: 123.

ونحو: فاطمة أفضلُ النساء، أو فاطمة فُضلى النساء.

ونحو: أنس أفضلُ الرجال.

ونحو: كانت لهجة قريش **أفصحُ أو فُصحى** اللهجات العربية.

وقولنا: قرأت الخبر في **كُبريات أو أكبر** الصحف.

ومثل: المحمدان **أفضلُ** الطلاب، أو المحمدان **أفضلا** الطلاب.

ومثل: الفاطمتان **أفضلُ** الطالبات، أو الفاطمتان **فضليا** الطالبات.

ونحو: إن سيادة العدالة هي الطريقة **المُثلَى** لأمن الناس.

- **يُعرب اسم التفضيل حسب موقعة في الجملة.**

ـ نحو: شعراء المهجر **أكثرُ** تأثيراً.

شعراء: مبتدأ مرفوع وعلامة رفعه الضمة الظاهرة على آخره وهو مضاف.

المهجر: مضاف إليه مجرور وعلامة جره الكسرة.

أكثر: خبر مرفوع وعلامة رفعه الضمة الظاهرة على آخره.

ـ ونحو: الشاعران شوقي وحافظ **أبرزُ** علميين.

الشاعران: مبتدأ مرفوع وعلامة رفعه الألف لأنه مثنى.

شوقي: بدل مرفوع وعلامة رفعه الضمة الظاهرة.

وحافظ: الواو حرف عطف وحافظ اسم معطوف مرفوع.

أبرز: خبر مرفوع وعلامة رفعه الضمة الظاهرة وهو مضاف.

علميين: مضاف إليه مجرور وعلامة جره الياء لأنه مثنى.

ـ ونحو: ولله المثل **الأعلى**.

الواو: حسب ما قبلها، واللام حرف جر و الـلـه: لفظ الجلالة اسم مجرور وعلامة جره الكسرة، وشبة الجملة من الجار والمجرور في محل رفع خبر مقدم.

المثل: مبتدأ مؤخر مرفوع وعلامة رفعه الضمة الظاهرة على آخره.

الأعلى: نعت مرفوع وعلامة رفعه الضمة المقدرة على آخره.

ـ ونحو: فهاتان الصفتان الصدق والسيادة تحققان المنهجين **الأمثلين** للنجاة.

تحققان: فعل مضارع مرفوع وعلامة رفعه ثبوت النون ؛ لأنه من الأفعال الخمسة، وألف الاثنين ضمير متصل مبني في محل رفع فاعل.

المنهجين: مفعول به منصوب وعلامة نصبه الياء ؛ لأنه مثنى.

الأمثلين: نعت منصوب وعلامة نصبه الياء ؛ لأنه مثنى.

فوائد في غاية الأهمية:

هناك ثلاثة أسماء تفضيل جاءت على غير قياس أي لم تأتِ على وزن أفعل وهي: (خير، وشر، وحَبّ).

هذه الألفاظ قد ترد بمعنى التفضيل أو بمعنى لغير التفضيل.

والضابط في التمييز بين المعنيين هو السياق فإذا كانت خير بمعنى أفضل وشرّ بمعنى أسوأ وحبّ بمعنى أحبّ فهي أسماء تفضيل وإلا فلا.

ومن الأمثلة التي وردت بمعنى التفضيل (أي تعتبر اسم تفضيل):

قوله تعالى: ﴿ قَوْلٌ مَّعرُوفٌ وَمَغِفرة **خَيرٌ** مِّن صَدَقةٍ يَتبعُها أَذَى ﴾ البقرة:263.

وقوله تعالى: ﴿ والآخِرَةُ **خَيرٌ** وَأَبقَى ﴾ الأعلى:17.

وقوله تعالى: ﴿ قَالَ أَنتُم **شَرٌّ** مَّكَاناً ﴾ يوسف:70.

وقوله تعالى: ﴿ وَتَزوَّدُوا فإنَّ **خَير** الزَّادِ التَّقوَى ﴾ البقرة:197.

وقول الرسول صلى الله عليه وسلم " المُؤمِن القوي **خَيرٌ** مِن المؤمِن الضعيف ".

ونحو: ابنك **حَبٌّ** إليّ من الآخرين.

وقولنا: الصلاة **خَيرٌ** من النوم.

ومن الأمثلة التي وردت ليست للمفاضلة (أي لا تعتبر اسم تفضيل):

كقوله تعالى: ﴿ فوقاهم الله **شَر** ذلك اليوم ﴾ الإنسان: 11، (مصدر).

وقوله تعالى: ﴿ وما تنفقوا من **خَيرٍ** فإن اللـه عليم ﴾ البقرة: 273، (مصدر).

ونحو: **خَيرُ** اللـه عمَّ الجميع، (مصدر) .

ونحو:

وعرفت **الشر** لا للشر ولكن لتوقيه   ومن لا يعرف الشر يقع فيه، (مصدر).

ونحو: ترى بعَر الآرام في عرصاتها... وقيعانها كأنه **حَبُّ** فُلفل. (اسم)

ومثل: ما تفعل من **خيرٍ** تجده. (مصدر)

- قد يكون التفضيل بين أمرين في صفتين مختلفتين، مثل: العسل **أحلى** من الخل.

والمعنى المراد أن العسل في حلاوتهِ يزيد على الخل في حموضته.

ونحو: الصيف **أحر** من الشتاء.

- إذا كان الفعل معتل الوسط بالألف ترد هذه الألف إلى أصلها في التفضيل.

نحو: قال – أقول، وعام – أعوم، وساد – أسود، أي أكثر سيادة ، وباع – أبيع، وهام – أهيم، وسار – أسير. أي أكثر شيوعاً من غيره.

قاعدة: دائماً ما بعد اسم التفضيل إذا كان منصوباً يُعرب تمييزًا.

- هنالك كلمات تفضيل شاذة لقد شذت عن القواعد السابقة وهي:

1 ـ **أقفر**، ورد شاذاً ؛ لأنه من فعل رباعي (أقفر) بمعنى خلا.

2 ـ **أعطى**، ورد شاذاً ؛ ==========(أعطى).

3 ـ **أسود**، ورد شاذاً ؛ لأن الصفة المشبهة منه على وزن أفعل ومؤنثه فعلاء.

4 ـ **أخصر**، ورد شاذاً ؛ لأنه من الفعل المبني للمجهول (أختصر).

اسما الزمان والمكان

اسم الزمان: هو اسم مشتق للدلالة على زمان وقوع الفعل.

مثل: مَوْعِد، مَوْلِد، مَرْمَى، مُنتَهى، مَسْرى، مَرْتَع، مَرْصَد.

نحو: كان **مَوْعِد** التقاء الطلبة في المحاضرة.

ونحو: متى **مُرتقى** أمتي وعودتها إلى عزتها؟

وقولنا: الليل **مَسْرى** الرسول الكريم.

ونحو: متى **مَهْبط** الطائرة؟

ونقول: النهار **مَسْعَى** الناس.

اسم المكان: هو اسم مشتق للدلالة على مكان وقوع الفعل.

مثل: مَنْزِل، مَجْلِس، مُنْتَدى، مُجْتَمع، مَهْبِط، مَسْرى، مَرْعَى .

نحو: مكة **مَهْبِط** الوحي.

نحو: **مَوْعِد** الطلبة القاعة.

وقولنا: **مَجْرى** نهر الأردن ضّيق.

نحو: المدينة **مُنْتدى** الرسول صلى الـلـه عليه وسلم.

ونحو: نقفُ على **مُفترق** طرق.

وقولنا: مكة **مَسقط** رأس الرسول الكريم.

صياغتـــهما: يصاغ اسما الزمان والمكان على النحو التالي:

أولاً: يصاغان من الفعل الثلاثي على وزنين:

أ - على وزن " **مَفْعَل** " وذلك في حالات **أولها** إذا كان الفعل مفتوح العـين في المضـارعة ومـن أمثلتها:

مثل: سبح مَسَبح، نهج منَهَج، شرب مشرَب، قرأ مقرَأ، بدأ، مبدَأ، جمع مجمَع، شهد مشهَد، لعب ملعَب، وذلك أن هذه الأفعال مفتوحة العين في المضارع، فهي: يسبَح وينهَج ويشرَب ويقرَأ ويبدَأ ويجمَع وشهَد ويلعَبُ. كقوله تعالى: ﴿ لا أَبرَحُ حَتَّى أَبلُغَ **مَجْمَع** البَحرَين ﴾ الكهف:60.

وقوله تعالى: ﴿ فَوَيلٌ لِلذِين كَفَرُوا مِن **مَّشهَد** يَومٍ عَظِيمٍ ﴾ مريم:37.

وثانيهما إذا كان الفعل صحيح الآخر ومضارعه مضموم العين.

مثل: رسم مرسَم، قام مقام، سكن يسكن، خرج مخرَج، هجر مهجَر، هرب مهرَب. وذلك أن هذه الأفعال صحيحة الآخر ومضمومة العين في المضارع، فهي: يرسُم ويسكُن ويخرُج ويهجُر ويهرُب.

كقوله تعالى: ﴿ سَلامٌ هِي حَتَّى **مَطْلَعِ** الفَجرِ ﴾ القدر:5.

وقوله تعالى: ﴿ وَمَن يَتَّقِ اللهَ يَجعَل لَّهُ **مَخْرَجا** ﴾ الطلاق:2.

وقوله تعالى: ﴿ ذَلِكَ لِمَن خَافَ **مَقَامِي** وَخَاف وَعِيد ﴾ إبراهيم:14.

وثالثهما إذا كان الفعل ناقصاً أي أخره حرف علة (معتل اللام).

مثل: رمى مرمَى، رعى مرعَى، سعى مسعَى، نأى منأى، قهى مقهَى، لقي ملقَى، نجا منجَى، كوى مكوى، بنى مبنَى، جرى مجرَى، لهى ملهَى، سبح مسبَح، وفى موفَى، غزى مغزَى، ثوى مثوَى.

كقوله تعالى: ﴿ فإِنَّ الجَحِيمَ هِي **المَأوَى** ﴾ النازعات:39.

ونحو: **مَسعَى** الحجاج بين الصفا والمروة.

ونحو: **مَرْمَى** الجمرات عند طلوع الشمس.

ونحو: وفي الأرض **مَنأىً** للكريم عن الأذى   وفيها لمن خاف القِلى[1] متعزَّلُ

ب – على وزن " **مَفْعِل** " وذلك في حالات **أولها** إذا كان الفعل مكسور العين في المضارعة.

مثل: نزل مَنْزِل، هبط مَهْبِط، صار مَصْيِر، جلس مَجْلِس، عرض مَعْرِض، حلّ مَحِلّ، عدن مَعْدِن، نسك مَنْسِك، جزر مَجْزِر، صرف مَصْرِف، حبس مَحْبِس. فهذه كلها من أفعال ثلاثية عين مضارعها مكسور وهي: ينزِل، يهبِط، يصيِر، يجلِس، يعرِض....

ومنه قوله تعالى: ﴿ قل تَمَتَّعُوا فإِنَّ **مَصِيرَكُم** إلى النَّارِ ﴾ إبراهيم:30.

وقوله تعالى: ﴿ ثُمَّ **مَحِلُّهَا** إلى البَيتِ العَتِيقِ ﴾ الحج:33.

وقوله تعالى: ﴿ إِذَا قِيلَ لَكُم تَفَسَّحُوا فِي **المَجَالِسِ** فَأفسَحُوا ﴾ المجادلة:11.

وثانيهما إذا كان الفعل مثالاً أي أوله حرف علة وصحيح الأخر، مثل: وعد موعِد، وقع موقِع، ورد مورِد، وضع موضِع، وصل موصِل.

ومنه قوله تعالى: ﴿ بَل لَّهُم **مَّوْعِد** لَّن يَجِدُوا مِن دُونِهِ مَوْئِلاً ﴾ الكهف: 58.

وقوله تعالى: ﴿ وَجَعَلنا بَينَهُم **مَّوْبِقاً** ﴾ الكهف:52.

وقوله تعالى: ﴿ وَلا يَطَئُون **مَوْطِئا** يَغِيظُ الكُفَّارَ ﴾ التوبة:120.

ثانياً: يصاغ اسما الزمان والمكان من الفعل غير الثلاثي على النحو الآتي:

يصاغان على وزن الفعل المضارع مع إبدال حرف المضارعة ميماً مضمومة وفتح ما قبل الآخر كاسم المفعول والمصدر الميمي.

---

(1): قَلَى فلانا قِلَى: أي أبغضه وهجره، وفي التنزيل العزيز: ﴿ ما ودّعك ربك وما قَلَى ﴾ الضحى: 3.

مثل: انتدى ينتدي مُنتَدى، اجتمع يجتمع مُجتَمع، استودع يستودع مُستَودع، التقى يلتقي مُلتقى، أخرج يخرج مخرج، استقر يستقر مُستقر، افترق يفترق مُفتَرق.

ومنه قوله تعالى: ﴿ وَلَكُم فِي الأَرْضِ **مُسْتَقَرٌ** وَمَتاعُ إلى حِينٍ ﴾ البقرة:36.

وقوله تعالى: ﴿ عِندَ سِدرَةِ **المُنتَهَى** ﴾ النجم:14.

وقوله تعالى: ﴿ بِسمِ اللـهِ مَجْراها **وَمُرْسَاها** ﴾ هود:41.

وقوله تعالى: ﴿ واتَّخذُوا مِن مَّقَّامِ إبراهيمَ **مُصَلّى** ﴾ البقرة:125.

ونحو: **مجتمعنا** يوم الأحد.

فـوائـد وتنبيهات

1 ـ وردت عدة كلمات أسماء مكان على وزن " **مَفعِل** " بكسر العين شذوذاً من أفعال تقتضي القاعدة أن يكون اسم الزمان أو المكان منها على وزن " **مَفعَل** " بفتح العين، وهي كلمات سماعيّة لا يقاس عليها وهي: مَشرِق، مَغرِب، منسِك، مَطِلع، مَسجِد، مَرفِق، مَهلِك، مطار، مَخزِن، مَعدِن، مَسكِن[1].

ومنها قوله تعالى: ﴿ حَتَّى إِذَا بَلَغَ **مَطْلِعَ** الشَّمس ﴾ الكهف:90.

وقوله تعالى: ﴿ ثُمَّ لَنقُولنَّ لِوَلِيِّهِ مَا شَهِدنا **مَهْلِك** أَهلِهِ ﴾ النمل:49.

2 ـ قد يصاغ اسم المكان من الأسماء الثلاثية المجردة على وزن **مَفعَلة** وذلك للدلالة على كثرة الشيء في مكان ما. مثل: مَأسَدة، أي أرض كثيرة الأسود،

(1) ـ انظر: د. عبده الراجحي، التطبيق الصرفي، دار النهضة العربية للطباعة والنشر، بيروت، 1984.

ومَسْبَعه، كثيرة السباع، ومَذْأبة، كثيرة الذئاب، ومَسْمَكة، كثيرة السمك، ومَلْحَمة، كثيرة اللحم، ومَسْبَخة، كثيرة السباخ، ومَحيَأة ، ومَفعَأة، ومَدجَنه[1]

3 ـ عُرف أن اسمي الزمان والمكان واسم المفعول والمصدر الميمي واسم الآلـة شركـاء في الـوزن من الفعل غير الثلاثي، ويتم التفريق بينها بالقرينة، **تفهم الأمثلة التالية:**

☒ الليل **مستودع** الأسرار، (اسم زمان)، أي وقت استيداع السر.

القلب **مستودع** المحبة، (اسم مكان)، أي مكان استيداع المحبة.

☒ **مُصلاك** يدخلك الجنة، (مصدر ميمي)، أي صلاتك.

رفعت حنان **المصلى**، (اسم آله) ؛ لأنه وقع هنا أداء.

وقوله تعالى: ﴿ وَاتَّخذُوا من مَّقامِ إبراهيم **مُصَلّى** ﴾، (مصدر ميمي).

☒ **مُنتزع** الوتد من الأرض مساءً، (اسم زمان)، لوجود كلمة مساء

مُنتزع الخصومة بينك وبين زميلك في بيتنا، (اسم مكان)، لوجود كلمة بيتنـا دلت على مكان.

منتزعك الحقد مـن قلبـك يـؤدي إلى الحـب، (مصـدر ميمـي)، أي انتزاعـك الحقد.

☒ يجتمع الناس لسماع الخطيب **مُجتمعاً**، **(مصدر ميمي)**، الاجتماع.

المسجد **مُجتمع** فيه، (اسم مفعول)، لوجود شبه جملة وراها.

---

(2): وقد شذت بعض الألفاظ وجاءت على وزن مُفَعله، نحو أرضٌ مُرصدةٌ، أي فيها شيء من رصدٍ.

النادي **مُجتمعنا**، (اسم مكان)، لوجود كلمة النادي دلت على مكان.

مجتمعنا يوم الأحد، (اسم زمان)، لوجود يوم الأحد دلت على زمان.

☒ تركته إلى **الملتقى**، (مصدر ميمي)، بمعنى الالتقاء.

قضى السارق سنتين في **المعتقل**، (اسم مكان).

أُفرج عن **المعتقل**، (اسم مفعول).

مُعتقل الأحرار ظُلمٌ لهم، (مصدر ميمي)، بمعنى الاعتقال.

☒ الأصدقاء **مجتمع** بهم مع الرئيس، (اسم مفعول).

الأردن **مجتمع** السياح في الصيف، (اسم مكان) .

مجتمع المغادرين أمام المسجد، (اسم مكان).

مجتمع المغادرين الساعة الخامسة مساءً، (اسم زمان).

4ـ غالباً أي كلمة مبدوءة بميم وكان بعدها جار ومجرور فتكون الكلمة اسم مفعول مثـل: خالد **ملتقى** به. (وهذا ليس شرطًا).

5 ـ وقد تلحق تاء التأنيث أسماء الزمان والمكان سماعاً نحو: مَدْرَسة، مَطْبَعة، مَقْبَرة، مَجْـزَرة ، مَحطة، مَرْصَده.

اسم الآلة

تعريفه: اسم مشتق من الفعل للدلالة على الأداة التي يقعُ بِها الفعل.

مثل: مِبرد، مِغسلة، مِنشار، مِقص، مِفك، مِشرط، مِفتاح، معصرة، مِنفاخ مِذياع، مِقياس.

صوغه: لا يصاغ إلا من الفعل الثلاثي المتعدي على الأوزان الثلاثية التالية:

1ـ **مِفْعَال** بكسر الميم: [1]

مثل: مِنْشَار، مِسْمَار، مِحْرَاث، مِلقَاط، مِثْقَاب، مِفْتَاح، مِزْمَار، مِنْظَار، مِهْمَاز، مِسْبَار، مِيزَان، مِنْفَاخ، مِقْيَاس، مِكْيَال، مِصْبَاح، مِقْرَاض، مِزْرَاب مِبْذَار.

ومنه قوله تعالى: ﴿ إِنَّ اللَّهَ لا يَظلِمُ **مِثْقَال** ذَرَّةٍ ﴾ النساء:40.

وقوله تعالى: ﴿ وَلا تَنقُصُوا **المِكْيَال** وَ**المِيْزَان** ﴾ هود:84.

وقوله تعالى: ﴿ وَعِندَهُ **مَفَاتِحُ** الغَيبِ ﴾ الأنعام:59.

وقول الشاعر:

والصدرُ فارقهُ الرجاءُ فقد غدا وكأنّه بيتٌ بلا **مِصْبَاح**.

وقولنا: يحتاج كلّ راكب دراجة إلى **مِنْفَاخ**.

2ـ **مِفْعَل** بكسر الميم:

مثل: مِنْجَل، مِبْرَد، مِغْزَل، مِعْوَل، مِقْصَ، مِصْعَد، مِشْرَط، مِدْفَع، مِسنّ، مِصْعَد، مِهْبَط، مِكْبَس، مِلْقَط، مِبْضَع، مِعْجَن، مِنْجَل، مِحكّ، مِرْجَل، مِحْلَب[2]، مِبْسَم، مِجْهَر، مِثْقَب.

---

(1): وردت بعض الألفاظ على وزن مِفعال ولكنها ليست أسماء آله، مثل كلمة: مِرصاد، وتعني الطريق، كقوله تعالى: ﴿ إنَّ ربك لبالمِرصادِ ﴾ الفجر: 14، أي الطريق الذي ممرّك عليه.

(2): المِحلبُ: هو الإناء الذي يُحلب فيه.

ومنه قوله تعالى: ﴿ وَيُهَيِّئْ لَكُم مِّنْ أَمْرِكُم **مِّرْفَقًا** ﴾ الكهف:16.

ونحو: انتزعتُ الشوكة من يدي **بالمِلقَط**.

وقولنا: طلب الجرّاح من الممرضة أن تناوله **المِشْرَط**.

وقول الشاعر:

يمشي الأسى في داخلي متغلغلاً بين العروقِ **كمِبضَع** الجرَّاحِ

3 ـ **مِفْعَلة** بكسر الميم:

مثل: مِغْسَلة، مِعْصَرة، مِبْشَرة، مِلعَقة، مِسْطَرة، مِجْرَفة، مِنْشَفة، مِطْرَقة، مِكوَاة، مِعْجَنه، مِصْيَدة، مِروَحة، مِمْسَحة، مِكنَسة، مِظلّة، مِمْحَاة[1]، مِبرَاة، مِدْحَله.

ومنه قوله تعالى: ﴿ تَأْكُلُ **مِنسَأَتَهُ** ﴾ سبأ:14.

وقوله تعالى: ﴿ مَثَلُ نُورِهِ **كَمِشْكَاةٍ** ﴾ النور:35.

ونحو: هل أحضرت **المِنْشَفة**.

ونحو: وقع الفأر في **المِصْيَدة**.

نحو: المؤمن **مِرْآة** المؤمن.

---

(1) ـ ممحاة، أصلها ممحوة، بدليل المضارع يمحو، فحدث فيها إعلال بالقلب، فقلبت الواو ألفًا ؛ لأن ما قبلها مفتوح وهي مفتوحة فقلبت لتناسب حركة الفتح.

فـوائـد وتنبيهات

1 ـ أجاز مجمع اللغة العربية المصري وزنين آخرين هما:

فعّالة، مثل: غسّالة، ثلاّجة، جلاّية، قدّاحة، جرّافة، فرّامه، برّاية، شـوّاية، سـيّارة، دبّابـة، طيّـاره.

وفعّال، مثل: خلاّط، سخّان، خزّان، جرّار.

2 ـ هناك أسماء آلة جامدة، أي ليس لها أفعال، مثل: سيف، قـدوم، سـكين، فـأس، قلـم، رمـح، ساطور، إبرة، إزميل، إبريق، شوكة، وهي على أوزان لا حصر لها.

3 ـ وردت بعض أسماء الآلة مشتقة من الأسماء الجامدة:

مثل: المحبرة من الحبر، والممطر من المطر، والمزود من الزاد، مِمْلحه من مِلح، مِقْلمه من قلم.

4 ـ كما وردت أسماء آلة من الأفعال اللازمة باطراد أي خلافاً للقاعدة، مثل: مِعراج مـن عـرج، مِعزف من عزف، ومِرقاة من رقى.

5 ـ وردت بعض الألفاظ الدالة على اسم الآلة ولكنها مخالفة لصيغها، مثـل: مُـدهن، مُكحُلـة، مُنخُل، مُدُق، مَنقبة، مُمْرُضه[1]، وغيرها.

6 ـ **أخي الطالب انتبه،** فإنّ اسم الآله القياسي يجب أن يكون مكسور الأول.

---

(2): مُمْرضه: آله يقع فيها الوشنات (الأوساخ) لغسل الشعر.

الإبدال

تعـــريفه: هـو إبـدال حـرف صحيح مكـان حـرف آخـر صحيح أو معتـل في صيغة افتعـل ومشتقاتها (افْتَعَلَ، يفتعل، افتعلْ، مفتعَل، مفتعِـل، افتعـال) ؛ لأن بقـاء الحـرف عـلى صـورتهِ الأساسيةِ في تلك الكلمات يُسببّ صعوبةً أو ثقلاً في نُطقِها.

❖ يحدث هذا الإبدال إذا بني الفعل على صيغة افتعل وكـان جـذره الـثلاثي مبـدوءًا بأحد الحروف التالية: (الـواو، اليـاء، الهمـزة، الـزاي، الـدال، الـذال، الضـاء، الضـاد، الطاء).

وبعد الإبدال يكون الحرف الثالث في أي كلمة وقع فيها الإبدال إما طاءً وإما دالاً وإمّا تاءً.

❖ **ولتوضيح الإبدال في أي كلمة اتبعْ ما يلي:**

- إذا كان ثالث الكلمة حرف **(ط)** يكون أصله **(ت)**.
- إذا كان ثالث الكلمة حرف **(د)** يكون أصله **(ت)**.
- إذا كان ثاني الكلمة حرف **(طّ)** يكون أصله **(ط+ت)**.
- إذا كان ثاني الكلمة حرف **(دّ)** يكون أصله **(د+ت)**.
- إذا كان ثاني الكلمة حرف **(تّ)** يكون أصله **(و+ت)**.

وكل ذلك شريطة أن نتيقنَ أن في الكلمة إبدال، إذ ليس كـل كلمـة فيهـا أحـد هـذه الحـروف يكون فيها إبدال فمثلاً كلمة **اتّبع** لا يوجد فيها إبـدال ؛ لأن جـذرها يبـدأ أصـلاً بالتـاء، ولـيس بأحد الحروف التي ذكرناها آنفًا.

❖ الإبدال إما أن يقع في الحرف الثاني أو الثالث فقط.

❖ والإبدال يأتي على ثلاث زمر أو ثلاثة نماذج سأوضحها من خلال الأمثلة التطبيقية التالية:

الزمرة الأولى

أمثلة تطبيقية: (وضّح الإبدال في الكلمات التالية:)

1 ـ **اصطفى** (نقول، الفعل الثلاثي المجرد هو صفى، فأصلها هو اصتفى، أُبدلت التاء طاءً ؛ لأنها مسبوقة بحرف الصاد، فالكلمة فيها إبدال في تاء افتعل)

2ـ **اضطرب** (الفعل الثلاثي المجرد هو ضرب، فأصلها اضترب حيثُ أُبدلت التاء طاءً ؛ لأنها سبقت بحرف الضاد، فالكلمة فيها إبدال في تاء افتعل).

3 ـ **ازدهر** (الفعل الثلاثي المجرد هو زهر، فأصلها ازتهر حيثُ أُبدلت التاء دالاً ؛ لأنها سبقت بحرف الزاي، فالكلمة فيها إبدال في تاء افتعل).

4 ـ **اصطدم** (الفعل الثلاثي المجرد هو صدم، فأصلها اصتدم حيثُ أُبدلت التاء طاءً ؛ لأنها سبقت بحرف الصاد، فالكلمة فيها إبدال في تاء افتعل).

5 ـ **ازدلف** (الفعل الثلاثي المجرد هو زلف، فأصلها ازتلف حيثُ أُبدلت التاء دالاً ؛ لأنها سبقت بحرف الزاي، فالكلمة فيها إبدال في تاء افتعل).

ملاحظة: نلاحظ من الأمثلة السابقة بأن توضيح الإبدال يأتي فيها على طريقةٍ واحدة وهي (الفعل الثلاثي المجرد هو........ فأصلها هو......... حيثُ أُبدلت التاء دالً أو طاءً لأنها سبقت بحرف...... فالكلمة فيها إبدال في تاء افتعل).

الزمرة الثانية

أمثلة تطبيقية: (وضّح الإبدال في الكلمات التالية:)

1 ـ **اطّلع** (الفعل الثلاثي المجرد هو طلع، فأصلها اطتلع حيثُ أُبدلت التاء طاءً فتصبح (اططلع)، **وأدغمت** الطاء الأولى في الثانية لسكون الأول، فالكلمة فيها إبدال وإدغام واجب).

2 ـ **اطّبع** (الفعل الثلاثي المجرد هو طبع، فأصلها اطتبع حيثُ أبدلتُ التاء طاءً فتصبح (اططبع)، **وأدغمت** الطاء الأولى في الثانية لسكون الأول، فالكلمة فيها إبدال وإدغام واجب).

3 ـ **ادّرف** (الفعل الثلاثي المجرد هو درف[1]، فأصلها ادترف حيثُ أُبدلت التاء دالاً فتصبح (اددرف)، **وأدغمت** الدال الأولى في الثانية لسكون الأول، فالكلمة فيها إبدال وإدغام واجب).

4 ـ **اطّرح** (الفعل الثلاثي المجرد هو طرح، فأصلها اطترح حيثُ أُبدلت التاء طاءً فتصبح (اططرح)، **وأدغمت** الطاء الأولى في الثانية لسكون الأول، فالكلمة فيها إبدال وإدغام واجب).

5 ـ **ادّهن** (الفعل الثلاثي المجرد هو دهن، فأصلها ادتهن حيثُ أُبدلت التاء دالاً فتصبح (اددهن)، **وأدغمت** الدال الأولى في الثانية لسكون الأول، فالكلمة فيها إبدال وإدغام واجب).

قاعدة: أي كلمة يكون فيها حرف **دال** مشدد أو **طاء** مشدد وطلب منك توضيح الإبدال فيها فتكون كما في الأمثلة السابقة وهي **الزمرة الثانية**.

(1) ـ جائز أن تكتب بالدال أو بالذال فنقول درف أو ذرف، والشائع هو بالدال ونقول دَرْف فُلان أي كَنفِهِ وظِلِّهِ .

ملاحظة: نلاحظ من الأمثلة السابقة الذكر بأن توضيح الإبدال فيها يأتي على طريقةٍ واحدة وهي (الفعل الثلاثي المجرد هو........، فأصلها هو.... حيثُ أُبدلت التاء طاءً أو دالاً، فتصبح الكلمة...... **وأدغمت** الطاء أو الدال الأولى في الثانية لسكون الأول، فالكلمة فيها إبدال وإدغام واجب).

الزمرة الثالثة

أمثلة تطبيقية: (وضّح الإبدال في الكلمات التالية:)

1 ـ **اتّقى** (الفعل الثلاثي المجرد هو وقى، فأصلها اوتقى حيثُ أُبدلت الواو تاءً ؛ لمناسبة تاء الافتعال فتصبح (اتتقى) ثم **أدغمت** التاء الأولى في فاء افتعل، فالكلمة فيها إبدال في فاء افتعل وإدغام واجب).

2 ـ **اتّسم** (الفعل الثلاثي المجرد هو وسم، فأصلها هو اوتسم حيثُ أُبدلت الواو تاءً ؛ لمناسبة تاء الافتعال فتصبح (اتتسم) ثم **أدغمت** التاء الأولى في فاء افتعل، فالكلمة فيها إبدال في فاء افتعل وإدغام واجب).

3 ـ **اتّخذ** (الفعل الثلاثي المجرد هو أخذ، فأصلها ائتخذ حيثُ أُبدلت الهمزة تاءً ؛ لمناسبة تاء الافتعال فتصبح (اتتخذ) ثم **أدغمت** التاء الأولى في فاء افتعل، فالكلمة فيها إبدال في فاء افتعل وإدغام واجب).

4 ـ **اتّكأ** (الفعل الثلاثي المجرد هو وكأ، فأصلها اوتكأ حيثُ أُبدلت الواو تاءً؛ لمناسبة تاء الافتعال فتصبح (اتتكأ) ثم **أدغمت** التاء الأولى في فاء افتعل، فالكلمة فيها إبدال في فاء افتعل وإدغام واجب).

5 ـ اتّعظ (الفعل الثلاثي المجرد هو وعظ، فأصلها اوتعظ حيثُ أُبدلت الواو تاءً ؛ لمناسبة تاء الافتعال فتصبح (اتتعظ) ثم **أدغمت** التاء الأولى في فاء افتعل، فالكلمة فيها إبدال في فاء افتعل وإدغام واجب).

6 ـ اتّسر (الفعل الثلاثي هو يَسر، فأصلها ايتسر حيثُ أُبدلت الياء تاءً ؛ لمناسبة تاء الافتعال فتصبح (اتتسر) ثم **أدغمت** التاء الأولى في فاء الافتعال، فالكلمة فيها إبدال في فاء افتعل وإدغام واجب).

قاعدة: أي كلمة ثانيها **تاء** مشددة وطلب منك توضيح الإبدال فيها فتكون كما في الأمثلة السابقة الذكر وهي **الزمرة الثالثة والأخيرة**.

ملاحظة: نلاحظ من الأمثلة السابقة الذكر بأن توضيح الإبدال فيها يأتي على طريقةٍ واحدةٌ وهي (الفعل الثلاثي المجرد هو........، فأصلها هو...... حيثُ أُبدلت الواو تاءً ؛ لمناسبة تاء الافتعال فتصبح....... ثم أدغمت التاء الأولى في فاء افتعل لسكون الأول، فالكلمة فيها إبدال في فاء افتعل وإدغام واجب).

ونلاحظ أن هذه الزمرة تختلف عن الزمرتين السابقتين فالإبدال في الزمرتين الأوليين يكون في تاء الافتعال، أما هنا فيكون في الحرف الأول من الجذر الثلاثي.

ملاحظة (1): إذا لم يكن في الكلمة أحد الحروف التالية لم يكن فيها إبدال وهي ثلاثة (ط، د، ت).

ملاحظة (2): عندما يحدث الإبدال في الفعل (افتعل) يرافقه في كافه مشتقاته فمثلاً الإبدال في (اصطفى هو نفسه في مصطفى ومصطفي واصطفاء....).

فوائد وتنبيهات

(1): إذا طلب منك استخراج كلمة فيها إبدال، فتذكر دائماً أن الإبدال يحصل في (باب الافتعال)، واستخرج كلمة من هذا الباب.

(2): إذا كان ثاني (افتعل ومشتقاتها) تاءً مشددة، فتذكر أن أصل التاء الأولى واوًا، وهي تقابل الفاء في الميزان.

(3): إذا طلب منك أن تكتب الوزن الصرفي لكلمة حصل فيها إبدال، فأعدها إلى أصلها قبل حصول الإبدال فيها، ثم زنها.

الإعـلال

تعـريفه: هو تغيرٌ يجري في أحرف العلة بالقلب أو الحذف أو التسكين، وأحـرف العلـة ثلاثـة الواو والألف والياء ويلحق بها الهمزة ؛ لكثرة تغيرها.

- ❖ ولتوضيح الإعلال في أي كلمة نردها إلى أصلها وذلك من خـلال **المضـارع** أو **المصـدر**، ومن خلالهما يتضح أصل حرف العلة فيرد إلى الكلمة وبهذا يكـون الإعـلال واضـح في الكلمة.

الإعلال ثلاثة أنواع وهي كالتالي:

(1): الإعلال بالقلب

وهو قلب حرف عله من صورة إلى صورة أخرى نحو، (قلب الواو والياء ألفًا أو قلب الـواو يـاءً أو قلب الياء واوًا......).

ملحوظة: حتى يكون هناك إعلال لا بد أن يكون في الكلمة حرف عله.

- ❖ **تُقلب الواو والياء ألفًا.** [1]

مثل: ـ **دعا** ؛ أصلها دَعَو، (بدليل المضارع **يدعو**، والمصدر **دعوه**)، فالواو قلبت ألفًا.

ـ **رمى** ؛ أصلها رَمَي، (بدليل المضارع **يرمي**، والمصدر **رمي**)، فالياء قلبت ألفًا.

ـ **باع** ؛ أصلها بَيَع، (بدليل المضارع **يبيع**، والمصدر **بيع**)، فالياء قلبت ألفًا

ـ **خاف** ؛ أصلها خَوَف، (بدليل المصدر **خوف**)، فالواو قلبت ألفًا [2].

---

(3) ـ سبب هذا القلب أي قلب الواو والياء ألفًا هو ؛ لأن الواو والياء جاءت متحركة وما قبلها مفتوح، في جميع الأمثلة.

(1): نلاحظ بأن المضارع منه (يخاف) فلم يظهر أصل الألف فنلجأ إلى المصدر فمصدرها خوف فإذن أصلها واو.

ـ **قال** ؛ أصلها قَوَل، (بدليل المضارع **يقول**)، فالواو قلبت ألفًا.

ـ **صانَ** ؛ أصلها صَوَن، (بدليل المضارع **يصون**)، فقلبت الـواو ألفًا ؛ لأنهـا متحركة ومـا قبلهـا مفتوح.

ـ **اعتاد**، الفعل الثلاثي هو **عادَ** ؛ أصلها اعتود، (بدليل المضارع **يعود**)، فقلبت الـواو ألفًا ؛ لأنهـا جاءت متحركة وما قبلها مفتوح.

ـ **انثنى**، الفعل الثلاثي هو **ثني** ؛ أصلها انثني، (بدليل المضارع **ينثني**)، فقلبت الياء ألفًا ؛ لأنهـا جاءت متحركة وما قبلها مفتوح.

النموذج العام للإجابة عن الإعلال بالقلب (قلب الواو والياء ألفًا) هو " قلبت الواو أو الياء ألفًا فأصلها........ بدليل المصدر أو المضارع ؛ لأنها جاءت متحركة وما قبلها مفتوح ".

❖ تُقلب الواو والياء همزة.

وذلك في حالات أهمـهـا:

1 ـ إذا تطرفت إحداهما أي الواو والياء بعد ألف زائدة.

مثل: ـ **رجاء**، أصلها رجاو، (بدليل المضارع **يرجو**)، فقلبت الواو همـزة ؛ لأنها جاءت متطرفة أي وقعت بعد ألف زائدة.

ـ **سماء** ؛ أصلها سماو، (بدليل المضارع **يسمو**)، فقلبت الواو همزة ؛ لأنها جاءت متطرفة بعد ألف زائدة.

ـ **بناء** ؛ أصلها بناي، (بدليل المضارع **يبني**)، فقلبت الياء همزة ؛ لأنها جاءت متطرفة بعد ألف زائدة.

ملحوظة: أي كلمة على نفس الشاكلة يكون فيها إعلال بالقلب وهو قلب الواو أو الياء همزة وسبب هذا القلب هو ؛ أنها وقعت متطرفة بعد ألف زائدة.

2 ـ إذا وقعت الواو أو الياء في اسم الفاعل الأجوف الثلاثي الذي وسطه ألف وبعدها همزة وأصل الألف فيه (واو أو ياء).

مثل: ـ **دائم**، أصلها داوِم، (بدليل المضارع **يدوم**)، فقلبت الواو همزة في اسم الفاعل الثلاثي الأجوف.

ـ **بائع**، أصلها بايِع، (بدليل المضارع **يبيع**)، فقلبت الياء همزة في اسم الفاعل الثلاثي الأجوف.

ـ **قائل**، أصلها قاوِل، (بدليل المضارع **يقول**)، فقلبت الواو همزة في اسم الفاعل الثلاثي الأجوف.

ـ **زائر**، أصلها زاوِر، (بدليل المضارع **يزور**)، فقلبت الواو همزة في اسم الفاعل الثلاثي الأجوف.

ـ **فائض**، أصلها فايض، (بدليل المضارع **يفيض**)، فقلبت الياء همزة في اسم الفاعـل الثـلاثي الأجوف.

ملحوظة: أي كلمة على نفس الشاكلة يكون فيها إعلال وهو قلب الواو أو الياء همزة وسبب هذا القلب ؛ لأنه جاءت في اسم الفاعل الثلاثي الأجوف.

3 ـ يُقلب حرف المد الزائد في المفرد المؤنث همزة في صيغة منتهى الجموع[1]

مثـل: **بصائر**، أصلها بصايـر، (بدليل المفرد **بصيرة**)، فقلبت الياء همـزة في صيغة منتهى الجموع.

ـ **مدائن** ؛ أصلها مداين، (بدليل المفرد **مدينه**) فقلبت الياء همزة في صيغة منتهى الجموع.

---

(1) صيغة منتهى الجموع: هو كل جمع يأتي بعد ألف تكسير حرفان أو ثلاثة وسطها ساكن، وأشهر أوزانه: مفاعـل، مفاعيل.

ـ **عرائس** ؛ أصلها عراوس، (بدليل المفرد عروس)، فقلبت الواو همزة في صيغة منتهى الجموع.

ـ **عجائز** ؛ أصلها عجاوز، (بدليل المفرد **عجوز**)، فقلبت الواو همزة في صيغة منتهى الجموع.

ـ **صحائف** ؛ أصلها صحايف، (بدليل المفرد **صحيفة**)، فقلبت الألف همزة في صيغة منتهى الجموع.

ـ **جرائد** ؛ أصلها جرايد، (بدليل المفرد **جريده**)، ==============.

ملحوظة: أي كلمة تكون منتهى صيغة الجموع يكون فيها إعلال بالقلب(1) وهو قلب الواو أو الياء أو الألف همزة، ونعرف أصل الهمزة بعد وقوع الإعلال عن طريق المفرد، وسبب هذا القلب ؛ لأنها وقعت في منتهى صيغة الجموع.

❖ تُقلب الواو ياءً.

وذلك في حـالاتٍ أهمُها:

1 ـ في اسم المفعول، أي الفعل الثلاثي المعتل الآخر بالياء، فعند صياغة اسم المفعول منه تُقلب واو المفعول ياءً وتدغم في ياء الفعل الأصلية.

مثـل: ـ **مرميّ**، الفعل الثلاثي هو رمى، فأصلها **مرموي**، فقلبت واو المفعول ياءً وأدغمت في ياء الفعل الأصلية.

ـ **مقضيّ**، الفعل الثلاثي منه هو قضي، فأصلها **مقضوي**، فقلبت واو المفعول ياءً وأدغمت في ياء الفعل الأصلية.

(2) شريطة أن تكون الهمزة غير أصلية كما في الأمثلة السابقة، أما كلمة مسائل مثلاً ليست فيها إعلال؛ لأن أصل الكلمة مسألة فإذن الهمزة أصليه.

ـ **مرضيّ**، الفعل الثلاثي منه هو رضي، فأصلها **مرضوي**، فقلبت واو المفعول ياءً وأدغمـت في يـاء الفعل الأصلية.

وكذلك الأمر في الفعل الثلاثي المعتل الآخر بالألف فعند صياغة اسم المفعول منه تقلب الألف واوًا، وتدغم في واو المفعول.

مثل: **مدعوّ**، الفعل الثلاثي دعا، فقلبت الألـف واوًا في اسـم المفعـول، بـدليل المضـارع يـدعو، وأدغمت واو المفعول في واو الفعل الأصلية.

ـ **مغزوّ**، الفعل الثلاثي هـو غـزا، فقلبت الألـف واوًا في اسـم المفعـول، بـدليل المضـارع يغزو، وأدغمت واو المفعول في واو الفعل الأصلية.

ـ **ملهوّ**، الفعل الثلاثي هـو لهى، فقلبت الألـف واوًا في اسـم المفعـول، بـدليل المضـارع يلهو، وأدغمت واو المفعول في واو الفعل الأصلية.

ملحوظة: أي كلمة على نفس الشاكلة أي تكون منتهية بالياء المشددة أو الواو المشددة فيكون فيها **إعلال** بالقلب قلب الـواو أو الألـف يـاءً أو واوًا ومـن ثـم حصـل **إدغـام** وهـو إدغـام واو المفعول في الياء أو الواو للفعل الأصلية.

2 ـ إذا كان الفعل على وزن أفعل وكانت فاؤه واوًا، مثل: أوفد، أورق، أوعز، أوغل، فعند الإتيان بالمصدر تقلب الواو ياءً.

مثل: **إيفادًا**، أصلها هو أوفد، بدليل المضارع **يوفد**، فقلبت الواو ياء في المصدر.

ـ **إيغالاً**، أصلها هو أوغل، بدليل المضارع **يوغل**، فقلبت الواو ياءً في المصدر

ـ **إيراقًا**، أصلها أورق، بدليل المضارع **يورق**، فقلبت الواو ياءً في المصدر.

ـ **إيجاد**، أصلها أوجد، بدليل المضارع **يوجد**، فقلبت الواو ياءً في المصدر.

3 ـ أن تأتي (الواو) ساكنةً بعد كسر.

مثـل: **ميعاد**، أصلها مِوْعاد ؛ لأنها من **وَعَدَ**، فقلبت الواو ياءً ؛ لأنها جاءت ساكنة بعد كسر.

ـ **ميزان**، أصلها مِوْزان، لأنها من **وَزَنَ**، فقلبت الواو ياءً ؛ لأنها جاءت ساكنة بعد كسر.

ـ **ميراث**، أصلها مِوْراث ؛ لأنها من **وَرَثَ**، فقلبت الواو ياءً ؛ لأنها جاءت ساكنة بعد كسر.

ـ **ميثاق**، أصلها مِوْثاق ؛ لأنها من **وَثَقَ**، فقلبت الواو ياءً ؛ لأنها جاءت ساكنة بعد كسر.

ـ **صِيام**، أصلها صِوام ؛ لأنها من **صَوَمَ**، فقلبت الواو ياءً ؛ لأنها جاءت ساكنة بعد كسر.

ملحوظة: أي كلمة على نفس الشاكلة وعلى نفس الوزن **مِفْعال**، يكون فيها إعلال بالقلب وهو قلب الواو ياءً ؛ لأنها ساكنة بعد كسر.

4 ـ إذا تتطرفت أي وقعت بعد كسر.

مثـل: **رضي**، أصلها رضِو، بدليل المصدر **رضو**، فقلبت الواو ياءً ؛ لأنها تتطرفت بعد كسر.

ـ **قوي**، أصلها قوِو، بدليل المصدر **القوه**، فقلبت الواو ياءً ؛ لأنها تتطرفت بعد كسر.

ـ **الداني**، أصلها الدانو، بدليل المصدر **دنو**، فقلبت الواو ياءً ؛ ========.

ـ **الداعي**، أصلها الداعو، بدليل المصدر **دعوه**، فقلبت ============.

ـ **الشجيّة**، أصلها الشجوة، بدليل المصدر **الشجو**، =============.

ـ **مبنيّة**، أصلها المبنوة، بدليل المصدر **بنو**، =================.

معرفة: [1]

تُقلب الواو ياءً في غير اطراد أي على غير قواعد اللغة العربية، وإنما تُقلب حتى يتم الازدواج والانسجام والتناسق بين الكلمات في الجملة الواحدة.

ومثال ذلك: قول الشاعر: عيناءُ حوراءُ من العِينِ **الحِير** .

فأصل كلمة الحِير هو الحور، ولكن قلبت الواو ياءً ؛ حتى تناسب وتناسق الكلمة التي سبقتها وهو العِينِ، وهذا يسمىَ في العربية بالازدواج.

ومن ذلك ما جاء في المثل (تركتُهم في حَيْصَ ِ **بَيْصِ** َ) والحيصُ: هو الحيد عن الشيء والرجوع عنه، والبوص: هو السبق والتقدم، فالأصل في بيص أن تأتي بالواو أي بوص، ولكن قلبت الواو ياءً ؛ لأنها تأثرت في الكلمة الأولى فقلبت الواو ياء لكي يحدث الانسجام.

- **تُقلب الياء واوًا.**

وذلك إذا وقعت الياء ساكنةً بعد ضمٍ.

مثل: **مُوسر**، أصلها مُيْسر ؛ لأنها من **أيسر**، فقلبت الياء واوًا ؛ لأنها ساكنة بعد ضم.

ـ **مُوقِن**، أصلها مُيْقِن ؛ لأنها من **أيقن**، فقلبت الياء واوًا ؛ لأنها ساكنة بعد ضم.

---

(1) ـ انظر: د. جزاء مصاروة، بحث بعنوان ظاهرة الازدواج في العربية، مؤتة للبحوث والدراسات 2005 م.

(2) ـ الإعلال بالحذف

وهو حذف حرف العلة من الكلمة، ويكون هذا الإعلال في الأفعال والأسماء.

أ ـ الإعلال بالحذف في الأفعال.

قد يُحذف حرف العلة من أولها أو وسطها أو أخرها.

❖ **حذف الهمزة.**

ويكون ذلك في الفعل الماضي الذي على وزن (**أفْعل**)، فتحذف همزته من المضارع.

مثل: **أحْسن**، أصلها أُأَحسن، حذفت همزة الفعل وبقيت همزة المضارعة، وكذلك الأمر تحذف الهمزة من الفعل مع بقية أحرف المضارعة نقول (نُحسن، يُحسن، تُحسن)، فحذفت همزة الفعل فالأصل أن نقول (نُأحسنُ، يُأحسنُ، تُأحسنُ).

ـ **أرْسل**، أصلها أُأَرسل، حذفت همزة الفعل وبقيت همزة المضارعة، فنقول (نُرسلُ، يُرسلُ، تُرسلُ) فحذفت الهمزة من الفعل، فالأصل أن نقول (نُأرسلُ، يُأرسلُ، تُأرسلُ).

وهكذا مع كل فعل ماضي على وزن أفْعل.

❖ **حذف الواو.**

تُحذف الواو في الفعل المثال[1] في حالة المضارع والأمر والمصدر إذا عوض عنها بالتاء في حالة المصدر.

---

(1) ـ فعل المثال: هو الفعل الذي أوله حرف علة مثل: وعد، وصف.

مثـل: ـ **وعد**، المضارع **يَعِدُ**، الأمر **عِدْ**، المصدر **عِدة**، فحذفت الواو في المضارع والأمر والمصدر ؛ لأنه ماضي مفتوح العين، والمضارع مكسور العين وكذلك الأمر في حالة الأمر والمصدر.

ـ **وثق**، المضارع **يَثِقُ**، الأمر **ثِقْ**، المصدر **ثقة**، فحـذفت الـواو في الحـالات السـابقة؛ لأنـه مـاضي مفتوح العين، والمضارع مكسور العين، وكذلك الأمر في الأمر والمصدر.

ـ **وصف**، المضارع **يَصِفُ**، الأمر **صِفْ**، المصدر **صفة**، فحذفت الواو في الحالات السابقة ؛ لأنه ماضي مفتوح العين، والمضارع مسكور العين، وكذلك الأمر في الأمر والمصدر.

ملحوظات

1 ـ الفعل مضموم العين في الماضي والمضارع لا تُحذف واوه، مثل: (وَجُه المضارع يوْجُه).

2 ـ الفعل المثال اليائي، لا تُحذف ياؤه في المضـارع، مثـل: (يَنَـع المضـارع يَيْنَـع، يَـبِس المضـارع يَيْبسُ).

- إذا كان الفعل معتلّ الآخر، فيحذف آخره في أمر المفرد المذكر، نحو: أخشَ، أدعُ، أرمِ، وفي المضارع المجزوم الذي لم يتصل بآخره شيء، نحو: لم يخشَ، لم يرمِ، لم يدعُ ، وذلك لمنع التقاء الساكنين.

- يحذف حرف العلة من الأفعال الماضية والمضارعة المنتهية بحرف علة (الناقصة)، وذلك عند اتصالها بواو الجماعة، نحو: يرمي + واو الجماعة = **يرمون**، فحذفت الياء فأصلها **يرميون**، وسبب الحذف ؛ هو اتصالها

بواو الجماعة، و**يخشون**، حذفت الياء منها فأصلها **يخشيون** ؛ بسبب اتصالها بواو الجماعة.

❖ إذا جاء آخر الفعل الأجوف[1] ساكنًا حذف حرف العلة منعًا لالتقاء الساكنين، نحو: كُن، يقمن، لم يَمِل، قلتُ، قم، قمت، فالأصل في الأفعال السابقة هو: كُوْنْ، يَقوْمْنَ، لم يمْيْل، قُوْلْت، قوْمْ، قوْمْت، فحذف حرف العلة منها ؛ لأنه ساكن وبعده ساكن، ولا يجوز لقاء الساكنين، فحذفت منعًا لالتقاء الساكنين.

ب ـ الإعلال بالحذف في الأسماء.

ويكون ذلك في الأسماء المنقوصة أي الذي يكون آخره ياء، والأسماء المقصورة أي الذي يكون آخره ألف، فتحذف الياء والألف عند جمعها جمعًا مذكرًا سالمًا.

مثل: ـ القاضي + ون = **القاضون**، فحذفت الياء فأصلها **القاضيون** ؛ وذلك لمنع التقاء الواو والياء، و**الاعلون**، حذفت الياء منها فأصلها **الاعليون** ؛ نفس السبب السابق.

---

(2) ـ فعل الأجوف: هو الفعل الذي في وسطهِ حرف علة مثل: باع، زار....

المصادر

تعريف المصدر: هو لفظ يدل على حدث غير مقترن بزمن مشتمل على أحرف فعلة. مثل: ضرب - ضرباً، وأكل - أكلاً.

وهذا النوع ونظائره يكون المصدر فيه مشتملاً على أحرف فعله لفظًا وقد يشتمل عليها تقديرًا، مثل: مازح - مزاحاً.

والأصل أن يكون المصدر: ميزاحاً، فالياء موجود في التقدير. وقد يكون أحد الحروف محذوفاً ومعوضًا بغيره، مثل: وهب - هبة، فالأصل أن يكون المصدر: وَهْب، غير أن الواو لحقها حذف وعوض عنها بالتاء في آخر المصدر.

الفرق بين المصدر والفعل:

الفعل: لفظ يدل على حدث إلى جانب دلالته على الزمن.

فعندما نقول: ضَرَبَ - ضَرْبًا، نجد أن الفعل ضرب دل على عملية الضرب " الحدث " كما دل على زمن وقوع الضرب، وهو الزمن الماضي.

أما المصدر: لفظ يدل على الحدث دون أن يدل على زمن وقوع الحدث، فضرباً قد دل على عملية الضرب " الحدث " ولكنه لم يبين الزمن الذي وقع فيه.

مصادر الافعال الثلاثية

❖ نلاحظ أن المصادر الثلاثية - المأخوذة من الفعل الثلاثي - أكثرها سماعيّة تُعرَف بالسماع والرجوع إلى معاجم اللغة، مثل: قطع - قطعاً، رعى - رعيًا، قام - قيامًا، فهم - فهمًا.

أما المصادر التي لم تُسمع عن العرب فقد وضِع لها قواعد وضوابط تطبق على نظائرها وقد رصدتها في جداولٍ، والتي أتفق عليها الصرفيون وأصبحت قواعد
عامة متبعة وعُرفت بالمصادر القياسيّة، وهي كالتالي:

أ - إذا دل الفعل على **حِرفة** جاء مصدره على وزن **فِعالة:** زرع زراعة، حرث حِراثة، فلح فِلاحة، صنع صِناعة، خاط خِياطة، درس دِراسة،
حاك حِياكة، خرط خِراطة، تجر تِجارة.

ب - إذا دل الفعل على امتناع جاء مصدره على وزن **فِعال:** جمح جماحاً، أبى إباءً، شرد شِراداً، نفر نِفاراً، دفع دِفاعاً، حَرن حِراناً.

ج - إذا دل الفعل على **حركة أو تقلب أو اضطراب** جاء مصدره على وزن **فَعلان:** غلى غلياناً، طاف طوفاناً، ثار ثوراناً، سال سيلاناً، فاض فيضاناً، دار دوراناً، جرى جرياناً، حدث حدثاناً، طار طيراناً، هاج هيجاناً، خفق خفقاناً.

د - إذا دل الفعل على **مرض أو داء** جاء مصدره على وزن **فُعال**: عطس عطاس، سعل سُعال، زكم زُكام، صدع صُداع، دار دُوار، صرخ صُراخ، كزَّ كُزاز.

هـ- إذا دل الفعل على **لون** جاء مصدره على وزن **فُعْلة**: خضر- خُضْرة، حمر حُمْرة، صفر صُفْرة، سمر سُمْرة، زرق زُرْقة، شهُب شُهْبه.

و - إذا دل الفعل على **صوت** جاء مصدره على وزن **فُعال** أو **فَعيل**: نبح نُباح، دعا دُعاء، عوى عُواء، صهل صهيل، زأر زئير، حف حفيف، أزّ أزيز.

ز - إذا دل الفعل على **سير** جاء مصدره على وزن **فَعيل**: رحل رَحيل، وخَذَ وخيذ، رسم رسيم، دبّ دبيب.

ح - إذا كان الفعل على وزن **فَعَل** وكان متعدياً، يأتي مصدره على وزن **فَعْل** مثل: فَتَح فَتْحاً، شَدَّ شَدْاً، رَدَّ رَدْاً، طَرَح طَرْحاً، كَسَر كَسْراً، جَمَح جَمْحاً، طَرَق طَرْقاً، قَال قَوْلاً، بَاع بَيْعاً، غَزَا غَزْواً، أكَل أكْلاً.

ط - إذا كان الفعل على وزن **فَعَل** وكان لازماً، يأتي مصدره على وزن **فُعُول** مثل: هَبَط هُبُوطاً، نَزَل نُزُلاً، خَرَج خُروجاً، سَجَد سُجودًا، سَكَت سُكوتًا، حَلَّ حُلولاً، مَرَّ مُرورًا، نَمَا نُمُوًّا[1]، غَرَب غُروبًا، ثَبَت ثُبوتًا، رَكَع رُكوعًا.

ي - إذا كان الفعل على وزن **فَعِل** وكان متعدياً، يأتي مصدره على وزن **فَعْل** مثل: شَرِب شَرْبًا، سَمِع سَمْعًا، فَهِم فَهْمًا، حَمِد حَمْدًا، أمِن أمْنًا، جَهِل جَهْلاً، رَحِم رَحْمًا، أَلِف إلْفًا.

---

(1) - أصلها: نمُوْوًا على وزن فعول ثُمَّ أُدغمت الواو الأولى في الثانية.

ك ـ إذا كان الفعل على وزن **فَعِل** وكان لازماً، يأتي مصدره على وزن **فَعَل** مثل: أسِف أسَفًا، نَدِم نَدَمًا، فَشِل فَشَلاً، غَرِق غَرَقًا، أَنِفا أنَفًا، عَجِل عَجَلاً، خَطِئ خَطَأً، مَلّ مَلَلاً، بَطِر بَطَرًا.

ل ـ إذا كان الفعل على وزن **فَعُلَ** وكان لازماً دائماً، يأتي مصدره على وزن **فُعوله وفَعاله** مثل: خَشُن خُشونة، سَهُل سُهولة، صَعُب صُعوبة، عَذُب عُذوبة، لان لُيونة، بَلُغ بلاغة، صَرُح صراحة، عَبُل عَبالة، سَمُح سَماحة، حَلُب حَلابة، جَزُل جَزالة، فَصُح فَصاحة. وقد يكون للفعل الواحد مصدران بمعنى واحد فُعوله وفَعاله، مثل: سَمُح سَماحه وسُموحه قد يكون للفعل مصدران كلاً منهما يدل على معنى، مثل: مَلُح ملاحة أي حسن وجميل ومَلُح ملوحة من الملح.

وسأجمل ما قمت بشرحهِ سابقًا عن المصادر على شكل جداول فيها الأفعال الثلاثية اللازمة والمتعدية ومصادرها وهي كالتالي:

جدول (1).

الرقم	الفعل	وزنه	متعد أو لازم	ما دل عليه الفعل	المصدر	وزنه
1	**زرع** **صنع** **تجر**	فَعَل فَعَل فَعَل	متعد متعد متعد	دل على حرفة دل على حرفة دل على حرفة	**زراعة** **صناعة** **تجارة**	فِعَالة فِعَالة فِعَالة
2	**جمح** **أبى**	فَعَل فَعَل	لازم لازم	دل على امتناع دل على امتناع	**جِماح** **إباء**	فِعال فِعال

	نفر	فَعَل	لازم	دل على امتناع	نِفار	فِعال
3	غلى	فَعَل	لازم	جميعها دل على	غَليان	فَعَلان
	دار	فَعَل	لازم	حركـة وتقلـب	دوران	فَعَلان
	طار	فَعَل	لازم	واضطراب	طيران	فَعَلان
4	عطس	فَعَل	لازم	دل على مرض	عُطاس	فُعال
	سعل	فَعَل	لازم	دل على مرض	سُعال	فُعال
	صدع	فَعَل	لازم	دل على مرض	صُداع	فُعال
5	خضر	فَعِل	لازم	دل على لون	خُضرة	فُعْلة
	حمر	فَعِل	لازم	دل على لون	حُمرة	فُعْلة
	صفر	فَعِل	لازم	دل على لون	صُفرة	فُعْلة
6	نبح	فَعَل	لازم	دل على صوت	نُباح	فُعال
	عوى	فَعَل	لازم	دل على صوت	عُواء	فُعال
	صهل	فَعَل	لازم	دل على صوت	صهيل	فَعيل
	نعق	فَعَل	لازم	دل على صوت	نعيق	فَعيل
7	رحل	فَعَل	لازم	دل على سير	رحيل	فَعيل
	ذمل	فَعَل	لازم	دل على سير	ذميل	فَعيل
	رسم	فَعَل	لازم	دل على سير	رسي	فَعيل
	دبّ	فَعَل	لازم	دل على سير	دبيب	فَعيل

جدول (2).

الرقم	الفعل الماضي	وزنه	متعد او لازم	المصدر	وزنه	الفعل المضارع	ملاحظات
1	**نَصَر**	فَعَل	متعد	**نَصْر**	فَعْل	يَنْصُر	يشترط في الفعل أن يكون متعدياً، وللمصدر وزن واحد
	سَمِع	فَعِل	متعد	**سَمْع**	فَعْل	يَسْمَع	
	فَتَح	فَعَل	متعد	**فَتْح**	فَعْل	يَفْتَح	
2	**صَعُب**	فَعُل	لازم	**صُعُوبة**	فُعُولة	يَصْعُب	يشترط في الفعل أن يكون مضموم العين، للمصدر ثلاثة اوزان
	بَلُغ	فَعُل	لازم	**بَلَاغة**	فَعَالة	يَبْلُغ	
	كَرُم	فَعُل	لازم	**كَرَم**	فَعَل	يَكْرُم	
3	**طَرِب**	فَعِل	لازم	**طَرَب**	فَعَل	يَطْرَب	يشترط في الفعل أن يكون مكسور العين للمصدر وزن واحد
	تَعِب	فَعِل	لازم	**تَعَب**	فَعَل	يَتْعَب	
	فَرِح	فَعِل	لازم	**فَرَح**	فَعَل	يَفْرَح	
4	**جَلَس**	فَعَل	لازم	**جُلُوس**	فُعُول	يَجْلِس	يشترط في الفعل أن يكون مفتوح العين، للمصدر وزن واحد
	سَجَد	فَعَل	لازم	**سُجُود**	فُعُول	يَسْجِد	
	خَرَج	فَعَل	لازم	**خُرُوج**	فُعُول	يَخْرُج	

مصادر الأفعال فوق الثلاثية

أ ـ مصادر الأفعال الرباعية:

جميع مصادر الأفعال الرباعية قياسية، لها أوزان وضوابط تختلف باختلاف وزن الفعل، وتأتي على **أربع أوزان** وهي على النحو التالي:

أ - إذا كان الفعل على وزن **أفعل** جاء مصدره على وزن **إفعال**، مثل: أنجـز – إنجـاز، أرشد إرشاد، أعدّ إعداد، أبرم إبرام، آمن إيمان، أتقن إتقان، آنس إيناس، أهدى إهداء، أوضح إيضاح، ألبس إلباس، أنذر إنذار، أوقد إيقاد، أوفى إيفاء، (نرجع حرف العلـة إلى أصـله)، وهذا يختص بصحيح العين.

وقِس عليه: أقلّ، آثر، آلف، أوفى، أنكر، أجمح، أنزل، أوهم، أخفى، أكمل، أبسط، أجمل، أولى.

أما إذا كان الفعل معتل العين أي وسطه حرف علـة جاء مصدره على وزن **إفعلة** وذلك بحذف الألف الموجودة في وزن **إفعال** والتعويض عنها بتاء في آخـر المصدر مثل: أقال إقالـة، أهان إهانة، أدان إدانة، أقام إقامة، أزاح إزاحة، أمال إمالة، أجاز إجازة، أساء إسـاءة، أفـاض إفاضة، أثاب إثابة، أعاد إعادة، أثار إثارة.

● وإذا كان الفعل معتل اللام جاء مصدره على وزن **إفعال** مع قلب حرف العلـة همزة مثل: أعطى – إعطاء.

ب - إذا كان الفعل على وزن **فعّل** وكان صحيح اللام جاء مصدره على وزن **تفعيل**، مثـل: هذّب – تهذيب، قدّر – تقدير، كسّر تكسير، صنّف

تصنيف، حلّل تحليل، عوّد تعويد، أكدّ تأكيد، صمّم تصميم، بيّت تبيت، قرّر تقرير، سلّم تسليم، كذّب تكذيب، خزّن تخزين.

وقِس عليه: ركبّ، صحّح، سبّب، خصّص، نشّف، نشّر، عجّن، سمّن، عبّد، نسّس، خبّر. هذا كلّه إذا كان الفعل صحيح اللام.

- أما إذا كان الفعل معتل اللام أي آخره حرف علة جاء مصدره على وزن **تفعلة**، مثل: نمّى تنمية، عزّى تعزية، ربّى تربية، ضحّى تضحية، عرّى تعرية، لبّى تلبية، ولّى تولية، غطّى تغطية، روّى تروية، غذّى تغذية، ثنّى تثنية، سوّى تسوية، صفّى تصفية، زكّى تزكية.

- وإذا كان الفعل مهموز اللام جاء مصدره على الوزنين معاً، **تفعيل** و**تفعلة**. مثل: خطّأ - تخطيئاً وتخطئة، عبّأ - تعبيئاً وتعبئة، نبّأ - تنبيئاً وتنبئة.

- وقد خرج عن القاعدة المصدر **كِذّاب** من الفعل **كذّب** في قوله تعالى: ﴿ وَكَذَّبُوا بِآيَاتِنَا كِذَّابًا ﴾ النبأ:28.

ج - إذا كان الفعل على وزن **فاعَلَ** جاء مصدره على وزن **فِعَال أو مُفَاعلة**، مثل: واصل وِصالاً ومُواصلة، حادد حِداداً ومُحاددة، عالج عِلاج ومُعالجة، قارن قِران ومُقارنة، خازن خِزان ومُخازنه، صارع صِراع ومُصارعه، خاطب خِطاب ومُخاطبة، كافح كِفاح ومُكافحة، وافق وِفاق ومُوافقة، عانق عِناق ومُعانقة.

وهنالك أفعال جاءت على وزن **فاعَلَ** وكان مصدرها على **مُفاعلة** فقط ومنها:

شارك مُشاركة، دارس مُدارسة، عانى مُعاناة، ساهم مُساهمة، شاور مُشاورة، عاشر مُعاشرة، جامل مُجاملة، صاحب مُصاحبة، ساهم مُساهمة، ساوه مُساواة، حاكى مُحاكاة، آكل مُآكله.

- أما إذا كانت فاء الفعل ياء فكثيراً ما يكون مصدره على وزن **مفاعلة** فقط ؛ لأنه لو جاء على فِعال لكانت الياء مسبوقة بكسرة، وفي هذا ثقل صوتي واضح. وذلك مثل: يافع ميافعة.
- وإذا كان الفعل معتل اللام جاء مصدره على وزن **فِعال** و**مفاعلة** مع قلب حرف العلة همزة، مثل: عادى - عِداء ومعاداة.

د - إذا كان الفعل على وزن **فَعْلَل** غير مضعف جاء مصدره على وزن **فعللة**، مثل: دحرج دحرجة، بعثر بعثرة، زخرف زخرفة، ترجم

ترجمة، عربد عربدة، سيطر سيطرة، برهن برهنة، عرقل عرقلة، زمجر زمجرة، طمأن طمأنة.

- أما إذا كان الفعل مضعفاً، أي فاؤه ولامه من جنس واحد، وعينه ولامه الثانية من جنس واحد، جاء مصدره على وزن **فَعْلَلة** أو **فِعْلَال**، مثل: وسوس - وسوسة أو وسواس، عسعس - عسعسة أو عسعاس.

وسأجمل هذه الأوزان الأربعة في الجدول التالي:

جدول رقم (1)

الرقم	الفعل	وزنه	المصدر	وزنه	ملاحظـــــات
1	**أكرم** **أعان** **أعطى**	أفعل أفعل أفعل	**إكرام** **إعانة** **إعطاء**	إفعال إفعلة إفعال	الفعـل عـلى وزن **أفَعَـل** مصـدره عـلى وزن **إفعال**.
2	**حطّم** **علّم** **ربّى** **ولّى** **برّأ**	فَعَّل فَعَّل فَعَّل فَعَّل فَعَّل	**تحطيم** **تعليم** **تربية** **تولية** **تبرئـة - تبريء**	تَفْعِيل تَفْعِيل تَفْعِلة تَفْعِلة تفعيـل، تفعلة	الفعـل عـلى وزن **فعّـل** مصـدره عـلى وزن **تفعيل**. ثـلاثي مزيـد بالتضـعيف، مهمـوز الآخـر وللمصدر وزنان.
3	**قاتل** **حاسب** **يانع**	فَاْعَل فَاْعَل فَعْلل	**قتـــال، مقاتلة** **حســـاب، محاسبة** **ميانعة**	فِعـــال مُفاعلة فِعـــال مُفاعلة مُفاعلة	ثلاثي مزيد بالألف، للمصدر وزنان ثلاثي مزيد بالألف، للمصدر وزنان ثلاثي مزيد بالألف فاؤه ياء، للمصدر وزنان.
4	**طمأن** **زلزل**	فَعْلل فَعْلل	**طمأنة** **زلزلـة - زلزال**	فَعْللة فَعْللـة فِعْلال	

ب ـ مصادر الأفعال الخماسية:

وهي إمّا **ثلاثية مزيدة بحرفين** كانطلق واقتصر واحمر وتقدم وتنازل أو **رباعية مزيدة بحرف** كتدحرج وتزلزل، وهي قياسية، وهي كما يلي:

1 ـ تأتي مصادر الأفعال المبدوءة بهمزة وصل على وزن الفعل مع زيادة ألف قبل الحرف الأخير وكسر الحرف الثالث مثل: اندفع اندِفاع، اجتمع اجتِماع، اصفر اصِفرار، ارتبط ارتِباط، انحنى انحِناء، انطلق انطِلاق، ارتمى ارتِماء، انتشر انتِشار، انتقل انتِقال، ارتوى ارتِواء، ابتدأ ابتِدا، احتفظ احتِفاظ، اختلف اختِلاف، اختصّ اختِصاص.

- فإذا كان الفعل معتل الآخر بالألف تقلب الألف همزة لزيادة ألف المصدر قبلها، مثل: ارتوى ارتواء.

2 ـ تأتي مصادر الأفعال المبدوءة بتاء زائدة على وزن الفعل مع ضم الحرف الرابع، مثل: تقدَّم تقدُّمًا، تدحرج تدحرُجًا، تنازل تنازُلاً، تناول تناوُل، تبعثر تبعثُر، تعوّد تعوُّد، تملل تملُمل، تصاعد تصاعُد، تميّز تميُّز، تفاقم تفاقُم، تكشّف تكشُّف، **فإذا** كانت لام الفعل ياء كسر ما قبلها ؛ لمناسبة حركتها،

مثل: تعدى تعدِّيا، تحدى تحدِّيا، تردى تردِّيا، تفانى تفانِّياً، توالى توالِّياً، تأنى تأنِّياً، تعالى تعالِيَاً، توانى توانِيَاً.

إن مصادر الأفعال الخماسية جميعها قياسية، وتأتي على ستةِ أوزان سأوضحها من خلال الجدول التالي:

الرقم	الفعل	وزنه	المصدر	وزنه	ملاحظات
1	**انطلق** **انكسر** **احتوى**	انفعل انفعل انفعل	**انطلاق** **انكسار** **احتواء**	انفعال انفعال انفعال	المصدر على وزن الفعل مع زيادة ألف قبل الأخر وكسر الحرف الثالث. الفعل معتل الآخر بالألف، في المصدر تقلب همزة.
2	**اقتصد** **اجتمع**	افتعل افتعل	**اقتصاد** **اجتماع**	افتعال افتعال	المصدر على وزن الفعل مع زيادة ألف قبل الآخر وكسر الحرف الثالث.
3	**احمرَّ** **اخضرّ**	افعلَّ افعلَّ	**احمرار** **اخضرار**	افعلال افعلال	المصدر على وزن الفعل مع زيادة ألف قبل الآخر وكسر الحرف الثالث.
4	**تقدم** **تحطم** **تحدى**	تفعلَّ تفعلَّ تفعلَّ	**تقدُّم** **تحطُّم** **تحدِّياً**	تفعُل تفعُل تفعلا	ثلاثي مزيد بحرفين. الفعل معتل اللام، المصدر على وزن الفعل مع كسر ما قبل الآخر.
5	**تنازل** **تناول**	تفاعل تفاعل	**تنازُل** **تناوُل**	تفاعُل تفاعُل	
6	**تدحرج** **تزلزل**	تفعلل تفعلل	**تدحرُج** **تزلزُل**	تفعلل تفعلل	رباعي مزيد بحرف. رباعي مزيد بحرف.

ج ـ مصادر الأفعال السداسية.

وهي إمّا **ثلاثية مزيدة بثلاثة أحرف** أو **رباعية مزيدة بحرفين**، ومصادر الأفعال السداسية كلها قياسية وجميعها تبدأ بهمزة وصل، وتأتي مصادرها على سبعة أوزان، وقياسها يكون على وزن ماضي الفعل مع كسر ثالثه وزيادة ألف قبل آخره، وإليك التفصيل:

أ - إذا كان الفعل على وزن **استفعل** جاء مصدره على وزن **استفعال**، مثل: استقبل استقبال، استنجز استنجاز، استخدم استخدام، استحلّ استحلال، استبين استبيان، استفسر استفسار.

- فإذا كان معتل العين أي وسطه حرف علة حذفت عينه وعوض عنها تاء مربوطة في آخر المصدر فيصبح وزنه **استفعله** مثل: استفاد استفادة، استحال استحالة، استبان استبانه، استعاد استعادة، استقال استقالة، استخار استخارة، استقام استقامة، استمال استمالة، استجاب استجابة، استمات استماتة.

ب - إذا كان الفعل على وزن **افعوعل** جاء مصدره على وزن **افعيعال**، مثل: اخْشَوْشَنَ اخشيشان، اعْشَوْشَبَ اعشيشاب.

جـ - إذا كان الفعل على وزن **افعالّ** جاء مصدره على وزن **افعيلال**، مثل: ادهامَّ ادهيمام[1]، اخضارَّ اخضيرار.

د - إذا كان الفعل على وزن **افعوّل** جاء مصدره على وزن **افعُوّال**، مثل: اجلوَّذ اجلوَّاذ[2]، اعلوَّط **اعلوَّاط**[1].

---

(1) ـ ادهامّ: تعني اسودّ، فتقول: أدهامّ الشيء ادهيمامًا أي اسوادّ، وادهامّ الزرع أي علاه السواد ريّاً.

(2) ـ اجلوّاذ: تعني المضاء والسرعة في السير، وقال سيبويه لا يستعمل إلا مزيدًا.

هـ - إذا كان الفعل على وزن **افعنلل** جاء مصدره على وزن **افعنلال**، مثل: احْرَنجَمَ احرنجام[2]، افْرنقَعَ افرنقاع[3].

و - إذا كان الفعل على وزن **افعللَّ** جاء مصدره على وزن **افعِلاّل، مثل:** اقشعرَّ اقشعرار، اطمأنَّ اطمئنان.

❖ ذكرنا في فقرة " **أ** " أن الفعل السداسي الذي على وزن استفعل المعتل العين، تحذف عينه في المصدر ويعوض عنها بتاء مربوطة في آخره، مثل: استقام - استقامة، ويستثنى منه ما أصله تفاعل أو تفعَّل، نحو اطّاير واطّير أصلهما: تطاير وتطّير فإن مصدرهما على وزن تفاعُل وتفعُّل لعدم قياسية الهمزة، فنقول: تطايُر وتطُّير.

❖ خطأ شائع: نقول **استبيان** والصواب أن نقول **استبانة** وذلك ؛ لأنها مصدر الفعل استبان.

---

(3) ـ **اعلوّاط: تعني ركوب الرأس والتقحم على الأمور بغير رويةٍ، ويقال: اعلوّاط الجمل الناقة أي ركب عنقها وتقحم من فوقها.**

(4) ـ **احرنجم: تعني الازدحام، فتحرنجم القوم أي ازدحموا، والمُحرنجم هو العدد الكثير.**

(5) ـ **افرنقع: تعني قعد مُنقبضًا، فنقول افرنقعوا أي تنحّوا.**

المصدر الميمي

تـعريفه: هو اسم مشتق من لفظ الفعل يدل على حدث غير مقترن بزمن مبدوء بميم زائـدة تميزه عن المصدر العادي ولا يختلفان في المعنى. بشرط ألا يكون مصدراً لفعل على وزن فاعَل.

ومنة قوله تعالى: ﴿ وإن كَانَ ذُو عُسرَةٍ فَنَظِرَةٌ إلى **مَيْسَرَةٍ** ﴾ البقرة:280.

وقوله تعالى: ﴿ قُلْ إِنَّ صَلاتِي وَنُسُكِي **وَمَحْيَايَ وَمَمَاتِي** لِلَّهِ رَبِّ العالمين ﴾ الأنعام:162.

ونحو: لا **مردّ** لقضاء الـلـه.

فإن كان مصدراً لفعل على وزن فاعَل فهو مصدر صريح وذلك

نحو: جادَلَ مجادلة، عامَلَ معاملة، سائَلَ مسائلة.

صـياغته:

1_ من الفعل الثلاثي:

يصاغ المصدر الميمي من الفعل الثلاثي الصحيح الأول على وزن " **مَفْعَل** " بفتح الميم والعين.

مثل: ذهب مَذْهب، رجع مَرْجع، وقى مَوْقى، أكل مَأْكل، نال مَنْال، خدع مَخْدع، دفـع مَـدْفع، لبس مَلْبس، لاذ مَلاذ، مالَ ممْال، نضج مَنْضج، رد مَرْد، طلب مَطْلب، قال مَقْـول، قعـد مَقْعـد، شرب مَشْرب.

نقول: سعى محمد لطلب الرزق **مَسْعى** حسناً.

ونحو: لا **مَردّ** لقضاء الـلـه.

ونحو: حقق الـلـه **مَطْلبك**.

ومنة قوله وتعالى: ﴿ أم تَسْأَلُهُم أَجراً فَهُم مِّن **مَّغْرَمٍ** مُّثقَلُون ﴾ القلم:46.

وقوله تعالى: ﴿ وَمَن تَاب وَعَمِلَ صَالِحاً فإِنَّهُ يَتُوبُ الى اللـهِ **مَتَاباً** ﴾ الفرقان:71

- ويصاغ من الفعل الثلاثي الصحيح الآخر المعتل الفاء بالواو (أي أوله حرف علة) التي تحذف في المضارع على وزن " **مَفْعِل** " بفتح الميم وكسر العين.

مثل: وعد مَوْعِد، وجد مَوْجِد، وثق مَوْثِق، وطأ مَوْطِىء، ولد مَوْلِد، وصل مَوْصِل، وعظ مَوْعِظ، وقف مَوْقِف.

ونقول: وقع الخبر في نفسي **مَوْقِعًا** عظيمًا.

ومنة قوله تعالى: ﴿ قَال لن أُرْسِلَهُ مَعَكُم حتَّى تُؤْتُونِ **مَوْثِقًا** مِّنَ اللـهِ ﴾ يوسف:66

وقوله تعالى: ﴿ بل زَعَمتُم أَلَّن نَّجعَلَ لكُم **مَوْعِدا** ﴾ الكهف:48

- ويصاغ من الفعل الثلاثي المعتل الأول والثاني أي اللفيف المفروق على وزن **مَفْعَل**، مثل: وقى مَوْقَى، وفى مَوْفَى.

والخلاصة: نقول إن المصدر الميمي يصاغ من الفعل الثلاثي على وزنين هما (**مَفعِل، مَفعَل**) ويصاغ على وزن **مَفعِل** إذا كان مثالاً واوياً أي أوله حرف علة وباقي الحالات نصوغة على وزن **مَفعَل**.

2ـ من الفعل غير الثلاثي:

يصاغ المصدر الميمي من الفعل غير الثلاثي كاسم المفعول، على وزن الفعل المضارع، مع إبدال حرف المضارعة ميماً مضمومه، وفتح ما قبل الآخر.

مثل: استخرج ـ مُستخرَج ، انعطف ـ مُنعطَف، أدخل ـ مُدخَل، اعتقد مُعتقَد، ارتجى مُرتجَى، التقى مُلتقَى، استودع مُستودَع، أقام مُقام.

كقوله تعالى:﴿ رَّبِّ أدخِلنِي **مُدْخَلَ** صِدْقٍ وأخْرِجنِي **مُخْرَجَ** صِدْقٍ ﴾ الاسراء:80

ونقول: انعطفت السيارة **مُنْعَطفًا** شديداً.

ونحو: أنت **مُستَودَع** السر.

وبناءً على ماذكر هاتِ المصدر الميمي للافعال التالية: مات، سعى، لاذ، هبّ، زار، وسم، وقد، ورد، وضع، وفد، قتل؟

فوائد وتنبيهات

1 ـ قد تُزاد على المصدر الميمي تاء مربوطة في آخره، مثل: ميسرة، مفسدة، محبة، مقالة، مهابة، منجاة.

2 ـ شذت بعض المصادر فجاءت على وزن " **مَفعِل** " بكسر العين والأصل أن تأتي على وزن " **مَفعَل**" بفتح العين.

منها: رجع مَرْجِعاً، يسر مَيْسِراً، غفر مَغْفِرة، عرف مَعْرِفة، حاص مَحْيصاً، زاد مَزْيداً، عال مَعِيلاً، خاض مَخْيضاً، بات مَبِيتاً، صار مَصِيراً، وغيرها.

❖ لا يفرق بين المصدر الميمي واسم المكان والزمان واسم المفعول في غير الثلاثي إلا سياق الكلام، فإن دل على حدث كان مصدراً ميمياً، وإن دل على مكان كان اسم مكان، وإن دل على زمان كان اسم زمان، **فحاول أن تتفهم الأمثلة التالية والتفريق بينها:**

- **موقف** السيارات الحي الجنوبي: اسم مكان.

كان **موقف** أبو بكر الصديق تصديق حادثة الاسراء والمعراج: مصدر ميمي

المساء **موقف** العمال: اسم زمان.

- متى **الملتقى** يا صديقي: اسم زمان.

أين **الملتقى** يا صديقي: اسم مكان.

خالد **ملتقى** به: اسم مفعول.

- **مستنقع** الماء قريب من دارنا: اسم مكان.

الماء **مستنقع**ٌ في الحوض: اسم مفعول.

مستنقع الماء يغير طعمها: مصدر ميمي.

- النهار **مسعى** الناس: اسم زمان .

ذلك مسعيّ إليه: اسم مفعول.

- مبتدأ المزروعات الشتوية فصل الخريف: اسم زمان.
- وضع الإحسان في غير **موضعه** ظلم: اسم مكان.
- قوله تعالى: ﴿ وَسَيَعلمُ الذِينَ ظَلَمُوا أيَّ **مُنقَلبٍ** يَنقَلِبُونَ ﴾ الشعراء: 227،:

مصدر ميمي.

- **مرماك** في البندقية دقيق: مصدر ميمي.

في أي ساعة **مرماك**: اسم زمان.

وقف حارس **المرمى** وقفه بطوليه: اسم مكان.

- وافق يوم **مولد** عمر بن أبي ربيعة، يوم **مقتل** عمر بن الخطاب: مولد ومقتل اسما زمان.
- أنت **مستودع** السر: اسم مكان.

وضعت الحقيبة في **المستودع**: اسم مكان.

اسم المصدر

تعريفه: لفظ يدل على معنى المصدر ويختلف عنه في عدمِ اشتماله على جميع أحرف فعله دون عوض عن الحرف الناقص.

كقوله تعالى: ﴿ و اللـهُ أَنبتَكُم مِّنَ الأرض **نَبَاتاً** ﴾ نوح:17.

ومثـل: تكلم كًلاماً ، والمصدر العادي: تكليماً .

توضأ وضوءاً، والمصدر العادي: توضُّو.

فمن المثالين السابقين نجد الاختلاف بين المصدر العادي واسم المصدر،

فاسم المصدر من الفعل تكلم كلاماً بينما المصدر العادي تكليماً فالاختلاف يتمثل في نقص التاء والتضعيف في اسم المصدر دون أن نعوض عنهما بحروف أخرى ومن ذلك فإن المصدر يشتمل على جميع حروف الفعل في حين إن اسم المصدر لا يشتمل على جميع الحروف.

فائـدة: فإذا سأل سائل عن كلمة " عدة " ونظائرها هل هي مصدر أم اسم مصدر ؛ لأنه نقص منها حرف عن أحرف فعلها.

الجواب: أنها مصدر من الفعل وعد وليست اسم مصدر ؛ لأن الواو المحذوفة عُوض عنهـا بتـاء في آخر المصدر.

قاعدة: كل مصدر لا يأتي على الـوزن الأصـلي للكلمـة فيسـمى اسـم مصـدر، مثـل: أعطيتـك الدينار عطاء (اسم مصدر) ونحو: تكلمت كلاماً (اسـم مصـدر)، أمـا قولنـا تكلمـت تكلـيماً و أعطيتك الدينار إعطاء تكون مصدراً وليس اسم مصدر لأنه جاء على وزن الفعل الأصـلي بيـنما تكلمت (كلاماً وعطاء) نقصت عدد الحروف عن الوزن الأصلي للفعل.

وقولنا: سلّمت **سلامًا**. (سلامًا: اسم مصدر).

المصدر الصناعي

تعــريفه: اسم لحقتة ياء النسب تليها تاء التأنيث المربوطة للدلالة على معنى المصدر.[1]

مثل: علميّة، إنسانيّة، همجيّة، حريّة، انتهازيّة، قوميّـة، وطنيّـة، ديمقراطيّـة مدنيّـة، اشتراكيّة، وحشيّة، شيوعيّة، جاهليّة، اتكاليّة.

قال الشاعر: **وللحريّة** الحمراءِ بابٌ   بكل يد مضرَّجة يُدقُّ.

ونحو: تُطالب الجماهير **بالحريّة.**

فائـدة: يجب التفريق بين المصادر الصناعية وبين الأسماء المنسوبة التي تلحقها اليـاء المشـددة والتاء، مثل: الأعمال **التجاريّة**، والحقول **الزراعية**، والآبار **النفطيّة**، فهذه صفات منسـوب إليهـا وليست مصادر.

وهذا التفريق يكون بتجرد المصدر الصـناعي للدلالـة عـلى معنـى المصـدرية فـإذا كـان صـفة لموصوف سواء أذكر الموصوف أم لم يذكر تكون اسماً منسوباً وغير ذلك تكون مصدراً صناعي.

كقولنا: إنَّ **الهمجيّة** صورة من صورِ الشعوب المتخلفة.

وقولنا: **والديمقراطيّة** أصل من أصول الحكم.

فكلمة الهمجيّة والديمقراطيّة مصادر صناعية لدلالة كل منهما على معنى المصدر.

وقولنا: كيف وجدت الشعوب **البدائيّة.**

وكذلك قولنا: عامل عدوك معاملة **إنسانيّة.**

---

(1) ـ والغرض من صياغة المصدر الصناعي من الأسماء وذلـك ؛ للدلالـة عـلى الاتصـاف بالخصـائص والصـفات الموجـودة في الأسماء.

فكلمتا البدائية والإنسانية صفات منسوبة لأنها جاءت صفه لما قبلها.

ونحو: هيئة الأمم المتحدة قائمة على المطالبة بتنفيذ القرارات **الشرعيّة الدوليّة**.

فكلمة الشرعية مصدر صناعي بينما كلمة الدولية اسم منسوب.

وعند قولك لي قضيتان: إحداهما **وطنية** والأخرى **إنسانية**، فوطنية وإنسانية اسمان منسوبان لأنهما وصف لموصوف مقدر تقديره قضية.

انتبه: عندما نقول " **العربيّة** تربي أبناءها على الحرية " وكذلك " **الأردنيّة** تشارك الأردنيّ في بناء الوطن " فكلمتا العربية والأردنية هي صفات منسوبة ؛ لأن الأصل أن نقول المرأة العربيّة والمرأة الأردنيّة فهي صفات منسوبة والموصوف مقدّر.

❖ وقد ذكرنا سابقاً أن المصدر الصناعي قد يختلط بالاسم المنسوب ولكن السياق ومعنى الجملة هو الذي يحدد **تفهّم الأمثلة التالية:**

❑ **القوميّة** دعوة حديثة: مصدر صناعي ؛ لأنها ليست صفة.

الدعوة **القوميّة** حديثة: اسم منسوب ؛ لأنها صفة لما قبلها.

❑ **الجاهليّة** صفة مذمومة: مصدر صناعي ؛ لأنها ليست صفة.

النفاق دعوة **جاهليّة** : اسم منسوب ؛ لأنها صفة لما قبلها.

جاهليّة القرن العشرين: مصدر صناعي.

جاهليتك تدعوك إلى أن تقول كذا: مصدر صناعي.

قرأت قصيدة **جاهليّة**: اسم منسوب.

❑ **الوطنية** قمة الوفاء: مصدر صناعي.

مصطفى كامل إمام الدعوة **الوطنيّة**: اسم منسوب.

وطنيته دفعته إلى التضحية: مصدر صناعي.

جامعة مؤتة مؤسسة **وطنيّة**: اسم منسوب.

- علينا أن نحدد **المسؤوليّة**: مصدر صناعي.

إننا نبارك أعمالاً **مسؤولية**: اسم منسوب.

- يجب أن ننبذ **الاتكالية**: مصدر صناعي.

الأمة **الاتكالية** لا ترقى: اسم منسوب.

اتكاليّة الفرد مذّمة: مصدر صناعي.

إنها فتاة **اتكاليّة**: اسم منسوب.

إبتعد عن **الاتكاليّة**: مصدر صناعي.

- إنّ **سطحيّة** التفكير مقبرة للطموح: مصدر صناعي.

الأفكار **السطحيّة** تدُّل على قائلها: اسم منسوب.

- كيف وجدت الشعوب **البدائيّة**: اسم منسوب.
- أنت آمرو فيك **جاهليّة**: مصدر صناعي.
- لم تردعه **إنسانيّة**: مصدر صناعي.

الاسم المنسوب

تعـريفه: هو صفة لما قبله وذلك بإضـافة يـاء مشـددة في أخـره فقـط في حالـة المفـرد ويـاء مشددة وتاء مربوطة في حالة المؤنث ويعرب نعتاً إذا ذكر منعوتة، نحو: أنـت رجـلٌ **جـاهليّ** ، فجاهلي نعت مرفوع لرجل، ونحو: جامعة مؤتة مؤسسة **وطنية**، فوطنية نعت لمؤسسة.

أما إذا حذف المنعوت فتعرب حسب موقها من الجملـة، نحـو: إنـك **وطنـيّ**، فـوطنيّ خـبر إن مرفوع، وألست **عربيًا؟** فعربيًا، خبر ليس، وهكذا.

وقولنا: قرأت قصيدة **جاهليّة**، (فجاهلية اسم منـسوب لأنها جاءت صفة لما قبلها).

ملاحظة: وقد ذكرنا سابقاً في المصدر الصناعي بأن هنالك تشابهًا بين الاسم المنسـوب والمصـدر الصناعي في حالة المؤنث فإذا كانت الكلمة صفة لما قبلها فتكون اسـماً منسـوباً وفي غـير ذلـك تكون مصدرًا صناعيًا.

مثل: وطنيتك تدفعك إلى **التضحيّة**. (مصدر صناعي).

ونحو: **الديمقراطيّة** أصل من أصول الحكم. (مصدر صناعي).

ملاحظة: أي كلمة جاءت في أول الجملة مثل الحالة السابقة تكون مصدراً صناعياً في **الغالب**.

تأمل الأمثلة التالية:

- **جاهليته** تدعوه إلى أن يقول هكذا.(مصدر صناعي).
- إنها بضاعة **صناعيّة**. (اسم منسوب).
- قصيدة **جاهليّة**. (اسم منسوب).
- مؤسسة **وطنيّة**. (اسم منسوب).
- نظرة **كليّة**. (اسم منسوب).
- جماعه **وطنيّة**. (اسم منسوب).
- المرأة **الديمقراطيّة** ذات قوة. (اسم منسوب).
- تصدر البضاعة **الأردنيّة** إلى مختلف أنحاء العالم (اسم منسوب).
- **الأردنيّة** تربي أبنائها على قيم الإسلام (اسم منسوب، وقد عرجت على هذا المثال في درس المصدر الصناعي أرجع إليه) ومثل: **الكركيّة** تتمّيز بلباسها.

(اسم منسوب).

- القاعة **الهاشميّة**. (اسم منسوب).

المصدر المؤول

تعـريفـه: هو تركيب لُغوي يتكون من حـرف وفعـل أو حـرف عامـل واسـمه وخـبره يمكـن تأويله بمصدر صريح.

الفرق بين المصدر الصريح والمصدر المؤول:

المصدر الصريح: يؤخذ من لفظ الفعل ويذكر في الكلام بلفظه مثل: شرب شرباً وأكرم إكراماً،

أما المصدر المؤول: فلا يكون لفظاً مفرداً.

تركيب المصدر المؤول:

1 ـ **أن والفعل المضارع:** مثل: أن يقول، أن يعمل، أن يساعد.

نحو: ينبغي **أن تقول** الحق، والتقدير: قول الحق.

ونحو: يجب **أن تفعل** الخير، والتقدير: فعل الخير.

ومنه قوله تعالى: ﴿ يُرِيدُ اللـهُ **أن يُخَفِّفَ** عَنكُم ﴾ النساء:28 .

والتقدير: التخفيف عنكم.

وقوله تعالى: ﴿ تُرِيدُون **أن تَصُدُّونَا** عَمَّا كَانَ يَعبُدُ آباؤُنَا ﴾ إبراهيم:10.

التقدير: صدّنا.

2 ـ **ما والفعل:** مثل: ما قلت، ما أرسلت، ما فعلت.

نحو: سرني **ما يقول** الصدق. والتقدير: قول الصديق.

ونحو: فاجأني **ما أرسل** أخي الرسالة، والتقدير: إرسال أخي

ومنه قوله تعالى: ﴿ وَأَحسِن **كَمَا أَحسَنَ** اللـهُ إليكَ ﴾ القصص:77.

والتقدير: كإحسان اللـه.

3 ـ **أنّ ومعموليها:** مثل: علمت **أنك مسافرٌ** غداً، والتقدير: سفرك

ومنه قوله تعالى: ﴿ فَلَمَّا تَبَيَّنَ لَهُ **أَنَّهُ عَدُوٌّ** للهِ تَبَرَّأَ مِنهُ ﴾ التوبة:114.

التقدير: عداوته لله.

ونحو: **أن تسمعَ** بالمعيدي خيرٌ من **أن تراه**، والتقدير: سماعك.

4 ـ **لو والفعل المضارع**: كقوله تعالى: ﴿ وَدُّوا **لو تُدهِنُ** فَيُدهِنُونَ ﴾ القلم:9، والتقدير إدهانك.

ونحو: يودّ الطالب **لو ينجح**، والتقدير النجاح.

5 ـ **همزة التسوية والفعل**[1]: كقوله تعالى: ﴿ سَوَاءٌ عَلَيهِم **أأنذَرتَهُم** أَم لَم تُنذِرهُم ﴾ البقرة:6 ، والتقدير إنذارك.

وقولنا: سَوَاءٌ عليهِم **أأرشدتهم** أو لم ترشدهم فلا يسمعون، والتقدير إرشادك.

فائدة: إذا كان خبر (أن) فعلاً أو مشتقاً أُوّل المصدر الصريح من الخبر مضافاً إلى الاسم.

مثل: يكفي **أن محمدًا** مجتهد، التقدير: اجتهاد محمد.

ونحو: سرني **أن أخاك** تفوق في المسابقة، التقدير: تفوق أخيك.

- أما إذا كان الخبر اسماً جامداً أُوّل المصدر من الكون مضافاً إلى الاسم، وجاء خبر أنَّ خبراً للكون – مصدر كان –.

مثل: أيقنتُ **أن الأرضَ** كروية، التقدير: كون الأرض كروية.

موقع المصدر المؤول من الإعراب:

يأخذ المصدر المؤول إعراب المصدر الصريح الذي يحل محله، فيقع في المواقع الإعرابية الآتية:

1 ـ في محل رفع مبتدأ:

نحو: **أن تتفوقَ** في دراستك مفخرةٌ لوالديك، التقدير: تفوُّقُك.

---

(1) ـ ويجوز حذف همزة التسوية، فنقول مثلاً: سواءٌ حضروا أو لم يحضروا فالنصاب مكتملٌ.

ومنه قوله تعالى: ﴿ **وَأَن تَصُومُوا** خَيرٌ لَّكُم ﴾ البقرة:184، التقدير: صيامكم خير لكم.

وقوله تعالى: ﴿ **وَأَن يَسْتَعفِفنَ** خَيرٌ لَّهُنَ ﴾ النور:60، التقدير: استعفافهن خير لهن.

ملاحظة: غالباً إذا وقع المصدر المؤول في البداية يكون إعرابه في محل رفع مبتدأ.

2 ـ في محل رفع خبر

نحو: اعتقادي **أن التجارةَ** رابحةٌ، التقدير: اعتقادي ربح التجارة. ونحو قوله تعالى: ﴿ قَالَت ما جَزَاءُ مَن أَرَادَ بِأَهلِكَ سُوءاً إلا **أن يُسْجَنَ** ﴾ يوسف:25.

التقدير: السجن، خبر المبتدأ جزاء.

3 ـ في محل رفع اسم كان وأخواتها:

نحو: ما كان لك **أن تهملَ** الواجب، التقدير: ما كان لك إهمال.

وقوله تعالى: ﴿ مَا كَانَ لَهُم **أَن يَدخُلُوها** إلا خائِفينَ ﴾ البقرة:114، التقدير: ما كان لهم دخولها.

ونحو: ليست الرياضة **أن تضيعَ** وقتك في اللعبِ، التقدير: إضاعة.

وقوله تعالى: ﴿ لَّيسَ البِرَّ **أن تُوَلُّوا** وُجُوهكُم قِبَلَ المَشْرِقِ والمَغْرِبِ ﴾ البقرة: 177، التقدير: تولية.

4 ـ في محل رفع فاعل:

نحو: يكفي **أنك مهذب**، التقدير: يكفي تهذيبك.

ومثل: يجب **أن تحسن** إلى والديك، التقدير: إحسانك.

ومنه قوله تعالى: ﴿ فَلَمَّا تَبَيَّنَ لَهُ **أَنَّهُ عَدُوٌّ** لِلَّهِ تَبَرَّأَ مِنْهُ ﴾ التوبة:114.

التقدير: كونه عدواً لله.

5 ـ في محل رفع نائب فاعل:

نحو: عُرف **أن الشاي** مشروب منبه، التقدير: عرف شرب الشاي منبه.

ومنه قوله تعالى: ﴿ يُخَيَّلُ إِليهِ من سِحْرِهِم **أَنَّها تَسْعَى** ﴾ طه: 66 ، التقدير: يخيل سعيها.

ونحو: يُرجى منك **أن تُقدِّر** دقة المرحلة التي تجتازها، والتقدير: تقدير.

6ـ في محل نصب مفعول به:

نحو: آمل **أن تحضر** مبكراً. التقدير آمل حضورك.

وقوله تعالى: ﴿ وَيُرِيدُ اللـهُ **أَن يُحِقَّ** الحَقَّ بِكلماتِهِ ﴾ الأنفال:7، التقدير: ويريد اللـه إحقاق الحق.

7 ـ في محل جر بحرف الجر أو بالإضافة:

نحو: أخاف عليك من **أن تهمل** دروسك، التقدير: من إهمالك.

ومنه قوله تعالى: ﴿ قُل إنَّ اللـهَ قَادِرُ على **أن يُنَزِّلَ** آيَةً ﴾ الأنعام:37،

التقدير: على إنزال آية.

مثال جره بالإضافة: خرجتُ قبل **أن تحضرَ**، التقدير: قبل حضورك.

ومنه قوله تعالى: ﴿ وَلَقَد كُنتُم تَمَنَّونَ المَوْتَ مِن قَبلِ **أَن تَلقَوْهُ** ﴾ آل عمران: 143، التقدير: من قبل لقائه.

وقوله تعالى: ﴿ يُجادِلُونَكَ فِي الحَقِّ بَعْدَ **ما تَبَيَّنَ** ﴾ الأنفال:6، التقدير: بعد تبيّنهِ

ونحو: أصبح ثامر أكثر معرِفةً بعد **أن رجعَ** من بِعثتهِ.

التقدير: بعد رجوعه، المصدر المؤول في محل جر مضاف إليه.

فوائد مهمة في إعراب المصدر المؤول:

1 ـ المصدر المؤول في سياق التعجب دائماً يعرب في محل نصب مفعول به،

مثل: **ما أحلى** أن يسودَ النظام.

2 ـ المصدر المؤول دائماً بعد **ودّوا** أو **ود** يعرب في محل نصب مفعول به، مثل: يودّ الطالب **لو ينجح.**

3 ـ المصدر المؤول إذا جاء في البداية دائماً يعرب في محل رفع مبتدأ ؛ كقوله تعالى: ﴿ **وَأَن تَصُومُوا** خَيْرٌ لَكُم ﴾ البقرة:184.

4 ـ المصدر المؤول إذا جاء بعد ياء المتكلم يعرب غالباً في محل رفع فاعل ؛ مثل: سرني **لو تفهم** الدرس. وقولنا: سرني **لو تعرف** ما أعرف.

5 ـ المصدر المؤول بعد الفعل المبني للمجهول دائمًا يعرب في محل رفع نائب فاعل ؛ مثل: لُوحظ **أن الطلبةَ** يَسهرون وقت الامتحانات.

6 ـ المصدر المؤول بعد هيهات دائمًا تعرب في محل رفع فاعل ؛ مثل: هيهات **لو يصدق** ظنّك.

7 ـ المصدر المؤول من كي والفعل دائماً تعرب في محل جر بحرف الجر ؛ مثل: يسّرت مفردات الدرس **كي تفهموا.**

8 ـ المصدر المؤول من همزة التسوية والفعل دائماً تعرب في محل رفع مبتدأ مؤخر ؛ كقوله تعالى: ﴿ سَوَاءٌ عَليهِم **أأنذرتهم** أم لم تُنذرهم ﴾ البقرة:6.

مصدر المرة " اسم المرة "

تعـــريفه: هو مصدر مصوغ من الفعل للدلالة على حصول الحدث مرة واحدة.

مثل: دار دَوْرة، أكل أَكْلة، شرب شَرْبة، ضرب ضَرْبة، وثب وَثْـبة، دقّ دَقْـة صاح صَـيْحة، ركـع رَكْعة، غفى غَفْوة، نظر نَظْرة، صال صَوْله، جمع جَمْعه سال سَيْله، جلس جَلْسة، هز هَزْة.

شـــروط صيـاغته:

يشترط في صوغ اسم المرة ثلاثة شروط هي:

أ - أن يكون فعله تاماً، فلا يصاغ من كان الناقصة وأخواتها.

ب - ألا يكون قلبياً، فلا يصاغ من ظن وأخواتها.

جـ - ألا يدل على صفة ثابتة، فلا يصاغ من حسن وخبث.

صــياغتـه:

1 ـ من الفعل الثلاثي:

يصاغ من الفعل الثلاثي على وزن " **فَعْلة** " بفتح الفاء وتسكين العين

مثـل: جلس جَلسة، وقف وَقفة، هفى هَفوة، كبى كَبوة، هزّ هَزّة.

- فإن كان الفعل الثلاثي أجوف أو ناقصًا أُعيدت الألف إلى أصلها مثل: مات مَوْتـة، بـاع بَيْعة، بنا بَنْوه، سعى سَعْيه.

قالوا: لكل عالم **هفوة**، ولكل جواد **كبوة**، ولكل صارم **نبوة**.

ونحو: رُبَّ **رَميةٍ** من غير رامٍ.

وقولنا: للطيار المتّدرب كُلّ يومٍ **طَلعة**.

ونحو: ما زرتُ إلاّ **زَوره** !.

ونحو: لقد كنت أقرأ القصة كاملةً في **جَلسة.**

- فإن كان بناء المصدر الصريح من الفعل الثلاثي على وزن **"فَعْلة"** مثل: رحم رَحْمة، دعا دَعْوة، هفا هَفْوة، صاح صَيْحة، فإن اسم المرة منه يكون بوصفة بكلمة **واحدة** للدلالة على المرة.

نحو: دعوت أصدقائي **دَعْوة واحدة.**

ونحو: اتّقِ الله فإنّ اللجنة لن ترحمه **إلاّ رَحْمة واحِدة.**

وهكذا مع كل فعل يكون مصدره على وزن **فَعْله** نضيف كلمة (واحدة) .

2 ـ من الفعل غير الثلاثي:

يصاغ من الفعل غير الثلاثي على صورة المصدر الأصلي مع زيادة تاء في آخره **مثل:** انطلق انطلاقة، استعمل استعمالة، سبح تسبيحة، هلل تهليلة، اهتزّ اهتزازة، انتصر ـ انتصارة، انبهر انبهارة، تشكّى تشكّية.

ونقول: انطلقت السيارة **انطلاقة.**

ونحو: استعملت الفرشاة **استعمالة** ، وسبحت الله **تسبيحة.**

- فإن كان المصدر الصريح مختوماً بتاء دُلَّ على اسم المرة منه بوصفه بكلمة واحدة.

  مثل: أصاب **إصابة واحدة**، استقام **استقامة واحدة.**

ونقول: استشرت الطبيب **استشارة واحدة.**

ونحو: أجبت على الامتحان **إجابة واحدة.**

فائدة: إذا كان للفعل المزيد أكثر من مصدر صيغ بناء مصدر اسم المرة على الأشهر من مصدريه.

فنقول: وسوس الشيطان في نفسه وسوسة واحدة، ولا نقول وسواسة.

وخاصمت الرجل مخاصمة واحدة. ولا نقول خصامة.

مصدر العدد: هو كل مصدر يُذكر فيه عدد معين مثل ضربته **ضربتين**، وثب **وثبتين**، قفز **قفزتين**.

قاعدة: كل مصدر مرة هو مصدر عدد ولكن ليس كل مصدر عدد هو مصدر مرة. **مثل:** هجم الأسد **هجمتين**. فهو مصدر عدد ومصدر مرة لأنه مأخوذ من الفعل هجمة، ولكنّ: شربت الماء **شرْبة**، مصدر مرة وليست مصدر عدد.

مصدر الهيئة أو اسم الهيئة

تعـريفـه: هو مصدر مصوغ من الفعل للدلالة على هيئة الحدث عند وقوعه.

مثل: جلس جِلسة، مشى مِشية، أكل إكلة، وقف وِقفة، ضـحك ضِـحكة، مـات مِيتـة، زار زِيـرة، قعد قعده، قتل قِتله.

شـروط صياغته: لا يصاغ إلا من الفعل الثلاثي وشذ صوغه من المزيد.

صـــــياغته:

1ـ يصاغ من الفعل الثلاثي على وزن " **فِعْلة** " بكسر الفاء وتسكين العين وغالبًا يأتي مضـاف أو موصوف.

نحو: جلست **جِلْسة** الأمير.

وقولنا: أكلت **إكلة** الشره.

ونحو: وثب الفارس **وِثبة** الأسد.

وقولنا: **وِقفة** هذا الطفل تُخفي ألمًا عميقًا.

ونحو: يموت راعي الضآن في جهله   **مِيتة** جالينوس في طبّهِ !.

ومنه قول الرسول صلى اللـه عليه وسلم : " إذا قتلتم فأحسنوا **القِتلة** ".

ونحو: ما هذه **الضِحكة.**

- عند صياغة مصدر الهيئة مـن الفعـل الأجـوف الـواوي تُقلـب الـواو يـاءً لانكسار ما قبلها، نحو: مات مِيتة، زار زِيرة، حال حِيلة، وهكـذا مـع كـل فعل أجوف واوي.[1]

---

(1) ـ الفعل الأجوف الواوي: هو الفعل الذي في وسطهِ حرف علة وهو حرف الواو، مثل: مَوت.

2ـ **ويصاغ من الفعل غير الثلاثي** بزيادة تاء مربوطة على مصدرهِ ؛ مثل: أطلّ إطلالـة البـدر، انتفض انتفاضة الغاضب، انطلق انطلاقة السهم، انـتفض انتفاضـة العصـفور المبلـل، ارتعـش ارتعاشه الخريف.

ونحو: تعلّق تعليقة الساحر، و استراح استراحة المحارب.

وبناءً على ما سبق قِس اسم الهيئة مما يلي: انفجر، تبعثر، علّق، استراح، لـبس، سـكن، رحـم، قسا، عاد، ابتسم، استشار، أهان، سما، قفز.

يقلل أهمية

تأثيرات معينة

الفصل الثاني

بعض المنصوبات

بعض المنصوبات

المفعول به

تعـريفه: هو كل اسم منصوب وقع عليه فِعل الفاعل دون تغيير معه في صـورة الفعـل. (أي في حالة الفعل المبني للمعلوم).

حُكمه: النصب وعلامات النصب له أربع وهي:

(1): يُنصب بالياء إذا كان مثنى ومن أمثلتها.

ـ قرأتُ في هذا الأسبوع **قصتين**.

قصتين: مفعول به منصوب وعلامة نصبه الياء ؛ لأنه مثنى.

ونحو: خصّصتُ **ساعتين** للمطالعة الذاتية.

ساعتين: مفعول به منصوب وعلامة نصبه الياء ؛ لأنه مثنى.

ونحو: فتحت أمانة عمان **نفقين** على طريق الجامعة الأردنية.

نفقين: مفعول به منصوب وعلامة نصبه الياء ؛ لأنه مثنى.

(2): يُنصب بالياء إذا كان جمع مذكر سالماً ومن أمثلتها.

مثل: يُرشِد الدليل **السائحينَ** إلى الأماكن الأثرية.

السائحين: مفعول به منصوب وعلامة نصبه الياء ؛ لأنه جمع مذكر سالم.

ونحو: تُكرِّم جامعة مؤتة **المناضلين**.

المناضلين: مفعول به منصوب وعلامة نصبه الياء ؛ لأنه جمع مذكر سالم.

وقولنا: حث الإمام **المصلّين** على التمسك بالأخلاق الحميدة.

المصلّين: مفعول به منصوب وعلامة نصبه الياء لأنه جمع مذكر سالم.

(3): يُنصب بالألف إن كان من الأسماء الخمسة ومن أمثلتها.

كقوله تعالى: ﴿ وَجَاءُوا أَبَاهُم عِشَاءً يَبْكُونَ ﴾ يوسف:16.

أباهم: مفعول به منصوب وعلامة نصبه الألف ؛ لأنه من الأسماء الخمسة.

وقوله تعالى: ﴿ وَآتِ **ذَا** القُـرْبى حَقَّـهُ والمِسكِينَ وابن السَّبِـيلِ ولا تُبذِّر تَبْذِيـرًا﴾ الإسراء:26.

ذا: مفعول به منصوب وعلامة نصبه الألف ؛ لأنه من الأسماء الخمسة.

(4): يُنصب بالكسرة إذا كان جمع مؤنث سالم ومن أمثلتها.

ـ قابلتُ **المعلماتِ** في القرية.

المعلمات: مفعول به منصوب وعلامة نصبه الكسرة ؛ لأنه جمع مؤنث سالم.

ونحو: رأيتُ **المعلماتِ** في الطريق.

(5): يُنصب بالفتحة أن لم يكن مما تقدم ومن أمثلتها.

مثل: قدتُ **السيارةَ** بأمان.

السيارة: مفعول به منصوب وعلامة نصبه الفتحة الظاهرة على آخره.

ونحو: حفظتُ **أبياتَ** الشعر المطلوبة مني.

أبيات: مفعول به منصوب وعلامة نصبه الفتحة الظاهرة على آخره.

ونحو: تَفتَتح وزارة التربية والتعليم **مدارسَ** جديدة كل عام.

مدارس: مفعول به منصوب وعلامة نصبه الفتحة الظاهرة على آخره.

وقولنا: استعاد الطالب **أوراقه.**

أوراقه: مفعول به منصوب وعلامة نصبه الفتحة الظاهرة على آخره.

ملاحظة مهمة: يصلح المفعول به أن يكون جوابًا للسؤال بـ (**ماذا**) أي يمكن معرفة المفعول به عن طريق السؤال بماذا فالكلمة التي تكون جواباً لـ **لماذا** تُعرَب مفعول به.

مثال ذلك: شربتُ الماءَ، فتقول: ماذا شربتُ؟ فيكون الجواب ماءً.

ونحو: اتّقِ **شرّ** الجاهل.

شرّ: مفعول به منصوب وعلامة نصبه الفتحة الظاهرة على آخره ؛ لأنه يصـلح جوابًا لسـؤال: ماذا تتقي؟.

ملاحظة: الأصل في المفعول به أن يكون بعد الفعل والفاعل مباشرة ولكن قد يتقدم أحياناً على الفاعل وحده مثل: أهلك **الناسَ** الدينارُ والدرهم، ونحو: لقد **أزعجَكَ** الخبرُ، وقـد يتقـدم عـلى الفعل والفاعل معاً مثل: **اللـهَ** أعبُدُ، ونحو: **الحقَّ** أقولُ، **وإيـاكَ** نعبـدُ، وهنـاك حـالات يتقـدم فيها جوازًا وحالات يتقدم فيها وجوبًا، فعد إلى كتب النحو والصرف إلى تلك الحالات.

المفعول المطلق

تعـريفه: هو مصدر يأتي لتوكيد فعله أو شبه فعله، أو لبيان نوعه أو عدد مرات وقوعه.

وسُميّ مفعولاً مطلقاً ؛ لأنه يقع عليه اسم المفعول بلا قيد، تقول ضربت ضرباً فالضرب مفعول مطلق ؛ لأنه نفس الشيء الذي فعلته، بخلاف قولك ضربتُ زيداً فإن زيداً ليس نفس الشيء الذي فعلته ولكنك فعلت بهِ فعلاً وهو الضرب لذلك سميّ مفعول به وكذلك سائر المفاعيل.

يختلف المفعول المطلق عن المفاعيل الأخرى من جهتين **أولهما** أن اسم المفعول يقع عليه بلا قيد أي دون حرف جر أما سائر المفاعيل لا تقع إلا مقيدة بحرف جر (مفعول به، مفعول معه، مفعول لأجله، مفعول فيه)، **وثانيهما** أن المفعول المطلق يكون ليس موجوداً في الأصل ولكن أوجد من العدم أما المفاعيل الأخرى تكون موجودة قبل الفعل الذي عمل فيه ثم أوقع الفاعل به فعلاً.

نحو: ضربتهُ **ضرباً**، فالضرب مفعول مطلق ؛ لأنه لم يكن موجوداً في الأصل وإنما أُوجد من العدم، أما قولنا أكلتُ **التفاحة** فالتفاحة مفعول به ؛ لأنها موجودة في الأصل ولكن الفاعل أوقع بها فعلاً وهو الأكل.

حُكمــه: يقع المفعول المطلق دائماً منصوباً.

وهو على ثلاثة أنواع: 1 ـ ما يؤكد الفعل، مثل قوله تعالى: ﴿ وَكَلَّمَ اللهُ مُوسى **تَكْلِيمًا** ﴾ النساء:164.

تكليماً: مفعول مطلق منصوب وعلامة نصبه الفتحة الظاهرة على آخره.

ونحو: انطلقت الطائرة **انطلاقاً**.

انطلاقاً: مفعول مطلق منصوب وعلامة نصبه الفتحة الظاهرة على آخره.

فالهدف من الكلمتين (تكليمًا وانطلاقًا) توكيد الفعل.

2 ـ ما يبين النوع، مثل قوله تعالى: ﴿ إِنَّا فَتَحنَا لَكَ **فَتْحاً** مُّبِيناً ﴾ الفتح:1.

فتحاً: مفعول مطلق منصوب وعلامة نصبه الفتحة الظاهرة على آخره.

وهنا يكون المصدر إما موصوفًا كما مثلنا وإما مضافًا مثل: انطلق **انطلاقة** السهم. ونلاحظ أن الهدف هنا من المفعول المطلق هو بيان نوع الفعل، فنوع الفتح مبين ونوع الانطلاق كانطلاقة السهم.

ونحو: في جانبِ التّل تنام **نومة** اللحود.

نومة: مفعول مطلق منصوب وعلامة نصبه الفتحة الظاهرة على آخره.

3 ـ ما يبين عدد مرات وقوع الفعل، مثل: صَددت الكرة **صدّتين**.

صدتين: مفعول مطلق منصوب وعلامة نصبه الياء ؛ لأنه مثنى.

وكذلك قولنا: ضربتُه **ثلاثَ** ضرباتٍ. و قمتُ **ثلاثَ** قَومات.

وفي هذه الحالة يجب أن يُضاف العدد إلى مصدر الفعل المتقدم، أما إذا لم يضف فلا يكون مفعولاً مطلقًا مثل: ضربتة ثلاث مرات.

النائب عن المفعول المطلق.

ينوب عن المفعول المطلق فيُعطى حكمه وهو النصب العناصر التالية:

(1): اسم المصدر: وهو الاسم الذي تكون عدد حروفه أقل من حروف المصدر وهو اسم يشبه الفعل في أصول حروفه.

نحو: كلمتك **كلاما**، (كلاماً اسم مصدر، والمصدر تكليماً).

ومثل: سلمت **سلاما**، (سلاماً اسم مصدر، والمصدر تسليماً).

فنعرب كلاماً وسلاماً نائب عن المفعول المطلق منصوب وعلامة نصبه تنوين الفتحة الظاهرة على آخره.

(2): صـفته، كقوله تعالى: ﴿ فَلْيَضحَكُوا **قَلِيلاً** وَلِيَبكُوا **كَثِيراً** ﴾ التوبة:82.

ومثل: أحب بلادي **كثيراً**، (فأصل الجملة أحب بلادي حباً كثيراً، ولكن حذف المفعول المطلق حباً وحلت مقامه صفته كثيراً، فأصبحت نائباً عنه).

وقولنا: سرتُ **أحسن** السير، (فأصل الجملة سرت سيراً أحسن السير) وكذلك قولنا: أذكر اللـه **كثيراً**، (فأصل الجملة أذكر اللـه ذكراً كثيراً)، فحذف المفعول المطلق وقامت صفته مقامه.

(3): مرادفـه: ويكون من غير لفظه والمعنى واحد أو متقارب.

نحو: جلستُ **قعوداً**، (فالقعود مرادف للجلوس، فالجلوس والقعود مترادفان فصح للمرادف أن ينوب عن المفعول المطلق).

وقولنا: أكره الجبان **مقتًا**، (فالمقت مرادف الكره، فصح لـه أن ينوب عن المفعول المطلق).

ونحو: ضحكتُ **تبسماً**، (فالتبسم مرادف للضحك فناب عن المفعول المطلق) .

(4): الضمير العائد إليه، مثل: قوله تعالى: ﴿ فإِنِّي أُعَذِّبُهُ عَـذَاباً لا **أُعَذِّبـه** أَحَـدًا مِّـنَ العَـالِمِينَ﴾ المائدة:115 (فالهاء في أعذبه مفعول مطلق نائب عن المصدر لأن المعنى: لا أُعـذِّب العـذاب أحداً).

(5): نوعـه، مثل: قوله تعالى:﴿ وَلا تَمْشِ فِي الأَرضِ **مَرَحًا**﴾ الإسراء:37

ونحو: رجع **القهقرى، و** قعد **القرفصـاء** ، و سرت **الهـوينى**. (فهـذه الكلمات دلـت عـلى نـوع المفعول المطلق فنابت عنه فالأصل رجعت رجوع القهقرى و...

(6): عـدده، كقوله تعالى: ﴿فَاجْلِدُوا كُلَّ واحِدٍ مِّنهُما **مِائَةَ** جَلدَةٍ ﴾ النور:2

وقوله تعالى: ﴿ إن تَسْتَغفِر لَهُم **سَبْعِينَ** مَرَّةً فَلَن يَغْفِر اللـهُ لَهُم ﴾ التوبة:80.

ونحو: **و** قرأت الدرس **خمس** قراءات.

(7): آلتـه، مثل: رشقنا العدو **حجارة، و** ضربتُ المذنب **سوطاً**.

(8): اسم الإشارة مشارٌ به إلى المصدر، مثل: قلت **ذلك** القول، (وذلك اسم إشارة مبنيّ في محل نصب نائب عن المفعول المطلق).

ونحو: لولا الإهمال ما قصّر صاحبنا **ذلك** التقصير، و أترفض **هذا** الرفض.

ملاحظة: يأتي بعد اسم الإشارة مصدر معرف بأل التعريف.

(9): الألفاظ (كل وبعض وأي) إذا أضيفت إلى مصدر الفعل، مثل: حفظت **أي** الحفظ، ونحو: لا تنفق **كل** الأنفاق.

ونحو: وفق الطالب **بعضَ** التوفيق.

ونحو: اعمل **عملَ** الصالحين.

عمل: مفعول مطلق منصوب وعلامة نصبه الفتحة الظاهرة.

تنويه: قد يأتي المفعول المطلق من أقوالٍ سائرةً محذوف الفعل مثل: (سعديك، لبيك، سبحان الله، حنانيك، حذاريك، دواليك، معاذ الله، عفواً، شكراً، حمداً لله، عجباً، قسماً سنعود). [1]

نحو: اللهُّم **لبيّك**.

لبيك: لبي، مفعول مطلق لفعل محذوف منصوب بالياء ؛ لأنه مثنى، والكاف: ضمير متصل مبني في محل جر مضاف إليه.

❖ المصدر نوعان:

1ـ المصدر المبهم: هو ما يساوي معنى فعله من غير زيادة ولا نقصان وإنما يذكر لمجرد التأكيد، كقوله تعالى: ﴿ كلّم الله موسى **تكليماً** ﴾ فتكليماً قد ذكرت لمجرد تأكيد الفعل، ومثل: اعمل **عمل** الصالحين، أو يذكر بدلاً من التلفظ بفعلِ نحو: **سمعاً وطاعة**، إذ المعنى أسمع وأطيع ولكن ذكر المصدر بدل الفعل،

---

(1) ـ انظر: د. عارف الحجاوي، قواعد اللغة العربية (شرح شامل مع أمثلة)، الطبعة الأولى، دار الشروق للنشر والتوزيع، 2001م، ص89.

ومثل: **أيماناً** لا **غفراً** .

2 ـ **المصدر المختص:** هو ما زاد على فعلهِ بإفادته نوعاً أو عدداً، فأما النوع فنحو: سرتُ سير **حسناً**، فحسناً مخصصة بالنوع، ومثل: مشيتُ مشياً **مباركاً**،

وأما العدد، فنحو: ضربته **عشرين** ضربه، فعشرين دلت على عدد، ومثل: ضربت اللص **ضربتين**. (ضربتين مخصص بالعدد).

ملاحظة: النوع والعدد علامات تخصيص أي تعريف.

❖ المصدر المتصرف وغير المتصرف:

ـ **المصدر المتصرف:** هو ما يجوز أن يكون منصوباً على المصدرية وأن ينصرف عنها إلى وقوعه فاعلاً أو نائب فاعل أو مبتدأ أو خبراً أو مفعولاً به أو غير ذلك، وهو جميع المصادر إلا قليلاً جداً منها.

ـ **المصدر غير المتصرف:** هو ما يلازم النصب على المصدرية أي المفعوليه المطلقة لا ينصرف عنها إلى غيرها من مواقع الإعراب، مثل (سبحان، معاذ الله، لبيكَ، سعديكَ، حنانيكَ، دَواليكَ، حذاريكَ).

المفعول فيه (ظرفا الزمان والمكان)

ظرف الزمان: هو اسم منصوب يدل على الزمان الذي حدث فيه الفعل وحكمه النصب.

ومن الألفاظ التي تدل على ظرف الزمان (يوم، شهر، ساعة، أسبوع، عـام، ليل، نهـار، صبـاح، مساء، وقت، زمن، مدة).

كقوله تعالى: ﴿ وَجَاؤُوا أَبَاهُم عِشَاءً يَبْكُونَ ﴾ يوسف:16.

عشاء: ظرف زمان منصوب وعلامة نصبه الفتحة الظاهرة.

ومثل: يُعرف الحليم **ساعة** الغضب.

ساعة: ظرف زمان منصوب وعلامة نصبه الفتحة الظاهرة على آخره وهو مضاف.

ونحو: سافرتُ **ليلة** أمس.

ليلة: ظرف زمان منصوب وعلامة نصبه الفتحة الظاهرة على آخره.

ونحو: انتظرتُ نتيجة الامتحان **زمناً** طويلاً.

زمناً: ظرف زمان منصوب وعلامة نصبه الفتحة الظاهرة على آخره.

ظرف المكان: هو اسم منصوب يدل على المكان الذي حدث فيه الفعل،

ومن الظروف التي تدل عل الظرفية المكانية (بين، جانب، قُدّام، شمال، تحت يمـين، خلـف، أمام، وراء).

مثل: المسافة **بين** الكرك وعمان زهاء الثمانين كيلو متراً.

بين: ظرف مكان منصوب وعلامة نصبه الفتحة الظاهرة على آخره.

ونحو: " الجنة **تحت** أقدام الأمهات "

تحت: ظرف مكان منصوب وعلامة نصبه الفتحة الظاهرة على آخره.

❖ الظرف المتصرف والظرف غير المتصرف:

ـ **الظرف المتصرف:** هو ما يستعمل ظرفاً وغير ظرف، مثل (ساعة، ليلة، نهار، يوم، أسبوع، شهر، سنة)، أي يجوز أن يكون ظرفاً، ومن أمثلته ظرفاً. ـ سرتُ **يوماً**، سرتُ **شهراً**، أقمنا **ساعة**، جلست **مكاناً**، ومن أمثلته غير ظرفٍ، أي يعرب حسب موقعة في الجملة، قد يأتي مبتدأ نحو: **يوم** الجمعة يوم مبارك، **مكانك** حسنٌ، **والليل** طويلٌ، ويأتي فاعلاً نحو: سرني **يوم** قدومك، ارتفع **مكانك**، ويأتي مفعول به نحو: انتظرت **ساعة** لقائك، ويأتي اسم مجرور نحو: وصلنا في **ساعة** متأخرة من الليل.

ـ **الظرف غير المتصرف: وهو نوعان:**

1 ـ ما يلازم النصب على الظرفية أبداً فلا يستعمل إلا ظرفاً منصوباً وهي (قطُّ، عوض، بينا، بينما، إذا، أيّان، أنّى، وما رُكب من الظروف مثل: صباح مساءَ، ليلَ ليلَ).

2 ـ ما يلازم النصب على الظرفية أو الجر بمن أو إلى أو حتى أو مذ أو منذ وهي (قبل، بعد، فوق، تحت، لدى، لدن، عند، متى، أين، هنا، ثَمَّ، حيث، الآن).

وتُقسم الظروف المبنية في محل نصب إلى قسمين هما:

(1): ظروف مختصة بالزمان مثل: (الآن، منذ، قطّ، متى، أيّان، كلّما، بينما، لما، مذ[1]، إذا، إذ، أمسِ).

نحو: ما خنت الأمانة **قطُّ**.

---

(1): مذ: قد تكون ظرفًا وقد تكون حرف جرّ.

قطّ: ظرف زمان مبني على الضم في محل نصب.

(2): ظروف مختصة بالمكان مثل: (أين، حيث، دون، هنا، هنالك، ثم)

ونحو: **أين** تقضي أوقات فراغك؟

أين: ظرف مكان مبني على الفتح في محل نصب.

انتبه: هنالك ظروف زمان ومكان وتفرق بينهما حسب ما أضيف له الظرف وهي (قبل، بعد، عند).

مثل: جئتُ **قبل** موعد المحاضرة. (قبل: ظرف زمان ؛ لأنه أضيف إلى موعد وهو دال على زمن).

ونحو: سوف أحضر **عند** الموعد. (عند: ظرف زمان ؛ لأنه أضيف إلى موعد وهو دال على زمن).

وقولنا: انتظرني **بعد** الصلاة. (بعد: ظرف زمان ؛ لأنه أضيف إلى الصلاة وهو دال على زمن).

ومثل: بيتنا **قبل** المركز الصحي. (قبل: ظرف مكان ؛ لأنه أضيف إلى مكان المركز الصحي).

ونحو: المركز الصحي **عند** الشارع الرئيسي. (عند: ظرف مكان ؛ لأنه أضيف إلى مكان).

وقولنا: بيت شأس **بعد** الإشارة الضوئية. (بعد: ظرف مكان).

ملاحظة: قبل وبعد إذا قطعتا عن الإضافة تُبنيان على الضم كقوله تعالى: ﴿ لله الأمر مِن **قبلُ** ومِن **بعدُ** ﴾ الروم:4. ونحو: تحية طيبه و**بعدُ**.

- ❖ إن ما يكون ظرف زمان أو مكان يجب أن يتضمن معنى **في** حتى يكون ظرفاً فعندئذٍ يعرب مفعولاً فيه (زمان أو مكان)، وإلا فهو ليس ظرفاً فعندئذٍ يعرب حسب موقعة في الجملة.

ومن الأمثلة التي جاءت ظروفًا؛ لأنها تتضمن معنى في.

ـ **اليومَ** أمرٌ. (اليوم مفعول فيه منصوب وعلامة نصبه الفتحة، لأنه تضمن معنى في).

ـ يُعرف الحليم **ساعة** الغضب. (ساعة ظرف زمان؛ لأنه متضمن معنى في فنقول يُعرف الحليم في ساعة الغضب).

ومن الأمثلة التي جاءت غير ظروف؛ لأنها لا تتضمن معنى في.

ـ أحترم **ليلةَ** القدر. (ليلة مفعول به منصوب وذلك؛ لأنها لم تتضمن معنى في)

ـ **يوم** الجمعة **يوم** مبارك. (يوم الأولى مبتدأ، والثانية خـبراً، فلـم تـأتِ ظرفـاً؛ لأنهـا لم تتضـمن معنى في).

المفعول معه

تعـريفه: هو اسم منصوب يقع بعد واو بمعنى (**مع**) مسبوقة بجملة، ليدّل على شيء حصل الفعل بمصاحبته أي معه.

مثل: حضرتُ **وغروبَ** الشمسِ.

الواو: واو معية، غروب: مفعول معه منصوب وعلامة نصبه الفتحة الظاهرة على آخره وهو مضاف.

ونحو: سافرتُ **وعاصمًا**.

الواو: واو معية، عاصم: مفعول معه منصوب وعلامة نصبه الفتحة الظاهرة على آخره.

وقولنا: يستيقظ العمال **وأذانَ الفجرِ**.

الواو: واو معية، أذان: مفعول معه منصوب وعلامة نصبه الفتحة الظاهرة على أخره.

فإذا قلنا: تشارك محمدٌ وأخوه، فهنا لا يوجد مفعول معه وذلك ؛ لأن الواو واو العطف تفيد الاشتراك، اشتراك ما قبل الواو في ما بعدها فإذن الواو ليست واو المعية ؛ لأنها ليست بمعنى مع، وكذلك قولنا: سرتُ والشمسُ طالعة، فلا يوجد مفعول معه ؛ لأن الواو واو العطف.

- حكم المفعول معه النصب، والعامل في نصبه هو الفعل السابق له وذلك على رأي جمهرة العلماء.

شروط نصب المفعول معه:

(1): أن يكون فضلة أي (تنعقد الجملة بدونه دون أن يكون هنالك خلل في الجملة أو نقص)

مثل: درستُ وغروبَ الشمسِ. فلو قلت: درست لتّمت

الجملة فـ (غروب) مفعول معه وهي فضله ونحو: كيف ثامر والعروض، لـو حُـذف المفعـول معه لبقيت الجملة كاملة.

أما إذا قُلتَ: تنافس زيدٌ وخالد، فخالد لا يمكن أن تكون مفعولاً معه ؛ لأن الجملة قبـل الـواو لم تكتمل.

(2): أن يكون ما قبله جملة، مثل: يستيقظ العمال وأذان الفجر، وقولنا: لا أقرأ والضجة. أمـا إذا كان ما قبلها مفرد كمثل: كل مهنـدس وعملـة، فيكـون معطوفـاً عـلى مبتـدأ قبلـه والخـبر محذوف وجوباً تقديره يقترنان ، فهو ليس مفعولاً معه.

(3): أن تكون (الواو) التي تسبقه بمعنى (مع) مثل: لا أرضى الترف والعبودية أما قولنا: فاز بلال وخليل قبله بالجائزة، فالواو ليست واو معية بل عطف فلذلك لم يكن ما بعدها مفعول معه.

ملاحظة (1): يُعرب الاسم الذي بعد واو المعية مفعولاً معه.

ملاحظة (2): يُعرب الاسم الذي بعد واو العطف معطوفاً على ما قبل الواو.

وبناءً على ما ذكر أعرب ما فوق الخط: ـ سأذهب وسهمًا إلى المطار.

ـ اختر تخصصاً يتفق وميولك،   ـ أفطر الصائم وأذانَ المغربِ.

ـ قول الشاعر: فكونوا أنتم وبني أبيكم   مكان الكليتين من الطحالِ.

ملاحظة: ليس كلّ اسم يقع بعد واو مفعولاً معه، بل قد يكون الاسـم فيـه **وجوب العطـف،** وذلك إذا كانت الواو تفيد الجمع بين ما قبلها وما بعدها في الحكم نفسه، نحو: تقابل شـاكر وطارق في الملعب، وقد يكون الاسم فيه **وجوب النصب عـلى المعيـة،** وذلك إذا كانـت الـواو بمعنى مع ولا يصحّ جمع ما قبلها وما بعدها في الحكم نفسه، نحو: انطلق المناضلون ومغيبَ الشمس، وقد يكون في الاسم رُجحان المعيّة، وذلك إذا كان ما بعد الواو اسمًا ظاهرًا وما

قبلها ضميرًا مستترًا نحو: سأعملُ وطارقًا في الحقل، أو يكون اسمًا ظاهرًا وما قبلها ضميرًا

متصلاً، نحو: خرجتُ وعليًّا إلى السوقِ.

فائدة: عُرف من أساليب المفعول معه قولُ العرب: ـ ما أنت وزيدًا؟

ـ كيف أنتَ وقصعةً من ثريدٍ؟.

المفعول لأجله أو المفعول له

تعـريفه: هو مصدر قلبيّ منصوب يُبيّن عِلّة وقوع حصول الفعل.

المصدر القلبيّ: هو ما كان مصدراً لفعل مـن الأفعـال التـي منشـؤها القلب أو الـنفس أي الحواس الباطنة أو العاطفة مثل: الحب، الكرة، الخوف، الجرأة، الإعجاب وحُكمه النصب.

كقوله تعالى: ﴿ وَلَا تَقْتُلُوا أَوْلَادَكُمْ خَشْيَةَ إِمْلَاقٍ ﴾ الإسراء:31.

خشية: مفعول لأجله منصوب وعلامة نصبه الفتحة وهو مضاف.

وقوله تعالى: ﴿ وَمِنَ النَّاسِ مَن يَشْرِي نَفْسَهُ ابْتِغَاءَ مَرْضَاتِ اللهِ ﴾ البقرة:207.

ابتغاء: مفعول لأجله وهو مصدر قلبي يبين سبب حصول الفعل يشري.

ونحو: لا تطأ التراب **احتقارًا.**

احتقاراً: مفعول لأجله منصوب وعلامة نصبه الفتحة الظاهرة.

وقولنا: أثنى الناقد على القصيدة **تشجيعًا** لصاحبها.

تشجيعاً: مفعول لأجله منصوب وعلامة نصبه الفتحة الظاهرة.

ونحو: تسهر **اجتهادًا** في كسب الرزق.

اجتهاداً: مفعول لأجله منصوب وعلامة نصبه الفتحة الظاهرة.

ونحو: ومن يُنفق الساعاتِ في جمع ماله   **مخافةَ** فقرٍ فالذي فعل الفقر.

مخافة: مفعول لأجله منصوب وعلامة نصبه الفتحة الظاهرة.

- حُكم المفعول لأجله هو النصب.

ملاحظة: المفعول لأجله يأتي لبيان سبب وقوع الفعل **ويصح** المفعول لأجلـه أن يكون جواباً لسؤال يبدأ بـ (لِمَ) أي يمكن أن تعرفه عن طريق سؤال يبدأ بلِمَ.

مثل: وقف الطلاب **إجلالاً** للمعلم ، تقول لمَ وقف الطلاب؟ فيكون الجواب إجلالاً.

شروط نصب المفعول لأجله:

(1): أن يكون مصدرًا قلبيًا (أي لا يُمارس بالحواس بل بالقلب)

كقوله تعالى: ﴿ وَلا تَقْتُلُوا أَوْلادَكُم **خَشْيَةَ** إِمْلاقٍ ﴾ الإسراء:31، فلا يجوز أن تقول: جئتك قراءةً ؛ لأن القراءة تكون بالحواس وليست مصدرًا قلبي.

(2): أن يكون المصدر علّة لحصول الفعل، مثل: سافرتُ الى القاهرة **طلباً** للعلم. (طلباً: مفعول لأجله بيّن سبب حصول الفعل وهو السفر).

(3): أن يكون المصدر القلبّي متحداً مع الفعل في الزمان وفي الفاعل، أي (يجب أن يكون زمان الفعل وزمان المصدر واحدًا، وفاعلهما واحدًا.)

مثل: وقف الطلاب **إجلالاً** للمعلم، فالذي وقف هو نفسه الذي أجلّ، وزمن الوقوف هو نفسه زمن الإجلال.

أما قولنا: جهزت امتعتي اليوم **للتنزّهِ** غدًا ؛ التنزه ليس مفعولاً لأجله لأن زمن التنزه بعد زمن الخروج، وإذا قلت: أحبّ زيدًا لظرافتة ؛ فظرافة ليست مفعولاً لأجله لأن فاعل أحب يختلف عن فاعل الظرافة.

أما إذا أختلّ شرط من الشروط السابقة وجب جر المصدر بحرف يفيد التعليل،

مثل: ضربتُ العبد لتأديبه، وقولنا: جئت للكتابة، ولا يعتبر مفعولاً لأجله.

- والمفعول لأجله المستكمل للشروط السابقة الذكر يأتي على ثلاث أحوال وهي كالتالي:

(1): أن يكون مجرداً من الاضافه والتعريف، نحو: ضربته **تأديباً** له، وفي هذه الحالة يجوز جرّه ونصبه ولكن الأرجح هو النصب، فتكون تأديباً: مفعول لأجله منصوب وعلامـة نصبه تنـوين الفتح.

(2): أن يكون معرّف بآل التعريف، نحو: سافرتُ **للرغبة** في العلم، وفي هذه الحالة فيجوز أيضا نصبه وجره ولكن الأرجح هو الجر.

(3): أن يكون مضافاً، كقوله تعالى: ﴿ ولا تَقْتُلُوا أولادَكُم خَشْيَةَ إملاقٍ ﴾، وفي هذه الحالة يجوز فيه الأمران النصب والجر على السواء، فتقول: ضربتُ ابني لتأديبه أو تأديبه.

فوائد وتنبيهات

(1): توسّع الناس في استعمالِ المصادر، ولم يُقصروا المفعول لأجله على المصادر القلبيّة فحسب وإنما استعملوا المصادر الحسيّة مفعولاً لأجله،

مثل: أصطف الحضور **احتفالاً** لمقدم الرئيس.

ونحو: توجّه الفلاحون إلى الحقل **استعدادا** للزراعة.

(2): يجوز تقدّم المفعول لأجله على عامله أي الفعل، مثل: **حبا** في العلم سافرت، (حباً: مفعول لأجله تقدم على الفعل)، و**إجلالاً** قمتُ لجنودنا.

الحـال

تعـريفه: هو وصفٌ يُذكر أو يُؤتى بِهِ لبيان هيئة صاحبه عند وقوع الفعل وحُكمه النصب.

مثل: رجع الفلاحون من الحقل **فرحين.**

فرحين: حال منصوب تُبيّن هيئة الفلاحين حين رجعوا من الحقل.

ونحو: يُعجبني مشهد الطلاب **منهمكين.**

منهمكين: حال منصوب وعلامة نصبه الياء ؛ لأنه جمع مذكر سالم.

تأتي الحال في ثلاث صور (أنواع):

(1): تـأتي الحـال اسـمًا مفـردًا، كقولـه تعـالى: ﴿ أَيُحِـبُّ أَحَـدُكُم أن يَأكُـلَ لَحْـمَ أَخِيـهِ **مَيْتـاً** ﴾ الحجرات:12، ميتاً: حال منصوب وعلامة نصبه الفتحة الظاهرة.

وقوله تعالى: ﴿ وَخُلِقَ الإنسانُ **ضَعِيفاً** ﴾ النساء:28، ضعيفاً: حال منصوب وعلامة نصبه الفتحة الظاهرة .

وقول الشاعر: غذوتك **مولوداً** وعُلتك **يافعًا** تُعلُّ بما أُدني عليك وتنهلُ.

(2): تأتي الحال جملة اسمية، كقوله تعالى: ﴿ اقتَرَبَ لِلنَّاسِ حِسَابُهُم **وَهُم فِي غَفْلَةٍ مُّعرِضُـونَ** ﴾ الأنبياء:1، الجملة الاسمية(وهم في غفلة معرضون) في محل نصب حال.

وقوله تعالى: ﴿ وَدَخَلَ جَنَّتهُ **وَهُوَ ظَالِمٌ** لِنفسِهِ ﴾ الكهف:35، الجملة الاسـمية (وهـو ظـالم) في محل نصب حال.

(3): تأتي الحال جملـة فعليـة، كقولـه تعـالى: ﴿ وَجَـاؤُوا أبـاهُم عِشـاءً **يَبْكُـونَ** ﴾ يوسف:16، الجملة الفعلية (يبكون) في محل نصب حـال. ونحـو: اسـتمعتُ إلى الطالب **يرتّل القرآن**، الجملة الفعلية

(يرتل القران) في محل نصب حال.

(4): تأتي الحال شبة جملة (جار ومجرور أو ظرفية)،

كقوله تعالى: ﴿ فخرج على قومه **في زينته** ﴾ القصص: 79، شبه الجملة من الجار والمجرور (في زينتهِ) في محل نصب حال، والتقدير: متزّيناً.

وقولنا: يشعر الإنسان بالراحة **بين أحضان الطبيعة**، فشبه الجملة الظرفية (بين أحضان الطبيعة) في محل نصب حال.

ونحو: أعجبني منظر العشب **تحت الشجر**، شبه الجلة الظرفية (تحت الشجر) في محل نصب حال.

ملاحظة: يكون الحال جوابًا لسؤال يبدأ بـ **(كيف)**، أي يمكن معرفة الحال عن طريق طرح سؤال يبدأ بـ كيف فالكلمة التي تكون جواباً لها تكون حالاً.

كقوله تعالى: ﴿ فَرَجَع مُوسى إلى قَومِهِ **غَضْبانَ** ﴾ طه:86، تقول: كيف رجع مُوسى إلى قومهِ؟ فيكون الجواب **غضبان**، فإذن هي حال.

خصائص الحال:

(1): **الاشتقاق**، الأصل في الحال والغالب عليها أن تكون مشتقة، والمقصود بالحال المشتقة أن تكون وصفًا أي (اسم فاعل، اسم مفعول، صفة مشبهة، صيغة مبالغة،...)، كقوله تعالى: ﴿ انِفرُوا **خِفَافًا وَثِقَالاً** ﴾ التوبة:41، جاء الحال في الآية مشتقًا، ونحو رجع الطلاب **مسرورين**، جاء الحال في المثال السابق مشتقًا وهكذا.

(2): **الانتقال**، الغالب والأصل فيها أن تكون متنقلة تدل على تغيير وتجدد، كما في الأمثلة السابقة، وقولنا: جاء الطالب **ماشيًا**، فالحال هنا جاء متنقلاً وليس ثابتاً.

(3): **التنكير**، مذهب الجمهور أن الأصل في الحال أن تكون نكرة، وإن جاءت معرفة أوّلت بمشتق، مثل: جاء الرجل وحده، تُؤول بـ (منفرداً).

(4): **فضلة**، الأصل في الحال أن تكون فضلة، أي يمكن الاستغناء عنها دون أن يكون هنالك خلل أو نقص في الجملة، والمقصود أنها فضلة من الناحيةِ النحويّة أي ليست من أركان الجملة الأساسية (الفعل والفاعل)، أما في المعنى فأحيانًا لا يقوم المعنى إلا بها مثل قوله تعالى: ﴿ وخلق الإنسان **ضَعِيفًا** ﴾ النساء:28.

صاحب الحال:

يأتي صاحب الحال معرفة:

(1): اسماً صريحاً مثل: أقبل **الطفل** مبتسماً (الطفل).

(2): ضميراً متصلاً مثل: أخذ**ت** الجائزة مسرعاً (التاء).

(3): ضميراً مستتراً مثل: الفائز قدم مسرعاً (تقديره هو).

ملاحظة (1): الأصل في الحال أن تكون مشتقة وليست جامدة وإذا جاءت جامدة تأوَّل بمشتق، مثل: يعدو أخوك غزالاً. أي (مشبهاً غزالاً)، ونحو: جاء زيدٌ أسدًا. أي (مشبهًا بالأسد)، ونحو: دخل الطلاب طالباً طالباً، أي (تدخلوا مرتبين)، ونحو: فلان جاري بيت بيت، أي (ملاصقًا).

وذهب بعض النحاة إلى أن الحال قد تقع جامدة غير مؤولة بمشتق في مواضع عده ومنها:

1 ـ **أن تكون موصوفة بما بعدها**، كقوله تعالى: ﴿ إِنَّا أَنزلناهُ **قُرْآنًا** عَرَبِيًا ﴾ يوسف:2، حيثُ جاءت الحال جامدة غير مؤولة بمشتق وهو جائز عند بعض النحاة ؛ وذلك لأنها جاءت موصوفة بما بعدها، وقوله تعالى: ﴿ فَتَمَثَّل لَها **بَشَراً**

سَوِيّاً ﴾ مريم:17، جاءت الحال كذلك جامدة غير مؤولة ؛ لأنها موصوفة بما بعدها.

2 ـ **أن تكون عدداً**، كقوله تعالى: ﴿ فَانكِحُوا مَا طَابَ لَكُم مِّنَ النِّسَاءِ مَثْنَى وَثُلَاثَ وَرُبَاعَ ﴾ النساء:3، جاءت الحال جامدة غير مؤولة بمشتق ؛ وذلك لأنها وقعت عدداً، ونحو: تم عدد الطلاب **ثلاثين** طالبًا، حيث جاءت الحال جامدة غير مؤولة بمشتق عند بعض النحاة وقد جاز ذلك ؛ لأنها وقعت عدداً.

3 ـ **أن تكون أصلاً لصاحبها**، كقوله تعالى: ﴿ أَأَسْجُدُ لِمَن خَلَقْتَ طِينًا ﴾ الإسراء:61، حيث جاءت الحال جامدة غير مؤولة بمشتق وقد جاز ذلك ؛ لأنها جاءت أصلاً لصاحبها.

ملاحظة (2): الغالب والأصل في الحال أن تأتي متنقلة، ولكن قد تـأتي غير متنقلـة أي ثابتـة في مواضِعَ منها:

1 ـ **أن يكون عاملها دالاً على خَلق وتجدد**، نحو: خَلَقَ اللهُ الزرافةَ يَدِيها أَطولَ مـن رجليها، حيثُ جاءت الحال غير متنقلة فجاز ذلك ؛ لأن العامل فيها دالاً على خَلق وتجدد.

2 ـ **أن تؤكّد مضمون الجملة**، كقوله تعالى: ﴿ وَهَذَا صِرَاطُ رَبِّكَ مُسْتَقِيمًا ﴾ الأنعام:126، حيث جاءت الحال ثابتة غير متنقلـة ؛ لأنها تؤكد مضمون الجملـة، ونحـو: زيـدٌ أبـوه **عطوفًا**، حيثُ جاءت الحال ثابتة غير متنقلة ؛ لأنها تؤكد مضمون الجملة.

3 ـ **أن تكونَ الحال مؤكِّده لعاملها**، كقوله تعالى: ﴿ وَالسَّلَامُ عَلَيَّ يَوْمَ وِلدتُّ وَيَوْمَ أَمُوتُ وَيَوْمَ أُبْعَثُ حَيًّا ﴾ مريم:33، حيثُ جاءت الحال ثابتة غير متنقلة؛ لأنها مؤكِّده لعاملها وهو البعث.

فائدة: (1) ـ يشترط في الحال المفردة أن تكون نكرة، نحو: جاء وَحَده، ومن الخطأ الشائع جرُّ

(وحده)، نحو: جاء لوحده.

(2) ـ قد تُحذف جملة الحال، وتبقى الحال وَحَدها، وذلك قولنا للحاج: مأجورًا مبرورًا، وقولنا

لمن أكل وشرب: هنيئًا مريئًا.

الاستثناء

تعـــريفه: هو أسلوبٌ لُغوي يتضمن إخراج ما بعد أداة الاستثناء من حُكم ما قبلها.

مثـل: حضر الطلابُ إلا زيـداً، فقـد أخرجـت زيـداً مـن الحكـم الواقـع عـلى الطـلاب، وحكـم المستشنى هو النصب.

<u>أركان الاستثناء:</u>

للاستثناء أربعة أركان أو أربعة عناصر وهي:

1ـ **الحكم**: وهو ما ينسب إلى المستثنى منه مـن حـدث أو صـفة أو خـبر، وهـو الفعـل أو مـا شابهه.

2ـ **المستثنى:** هو الاسم الذي لم يشمله الحكم.

3ـ **المستثنى منه:** هو الاسم الذي أسند إليه الحكم وشمله.

4ـ **أداة الاستثناء:** وهي الأداة المستخدمة في عملية الاستثناء.

<u>أدوات الاستثناء:</u>

قد تكون **حروفاً** وهي (إلاّ، عدا، خلا، حاشا).

وقد تكون **أسماء** وهي (غير، سوى).

وقد تكون **أفعالاً** وهي (ماعدا، ماخلا، ماحاشا).

مثل: قرأت الكتاب كلّه ما عدا الفصلَ الأخير.

الحكم: قراءة الكتاب، **المستثنى منه**: الكتاب، **المستثنى**: الفصل، **أداة الاستثناء:** ما عدا.

ونحو: ما جاء الطلاب إلا خليل.

الحكم: عدم مجيء الطلاب، **المستثنى منه:** الطلاب، **المستثنى:** خليل، **أداة الاستثناء:** إلا.

وقولنا: تأخر الحجاج إلا أباك.

الحكم: تأخرّ الحجاج، **المستثنى منه:** الحجاج، **المستثنى:** أباك،

أداة الاستثناء: إلا.

ملاحظة: يكون المستثنى منه **قبل** أداة الاستثناء غالباً أما المستثنى يكون **بعد** أداة الاستثناء.

أحكام المستثنى بـ إلا

إن حكم الاستثناء **بـ إلا** يكون في أربعة أنماط وهي:

أ ـ الاستثناء التام المثبت (الموجب):

وهو الاستثناء الذي توافرت فيه أركان الاستثناء الأربعة ولم يسبقه نفي أو شبه نفي كالنهي أو الاستفهام.

مثل: جاء الطلاب **إلا محمدًا.**

هذا المثال على نمط الاستثناء التام المثبت الموجب ؛ لأنه توافرت فيه عناصر الاستثناء ولم يسبقه نفي **وحكم المستثنى أي (الاسم الذي يقع بعد إلا وجوب النصب في هذا النمط من الاستثناء).**

مثل: حضر الأصدقاء الحفل **إلا صالحًا.**

حضر: فعل ماضٍ مبني عل الفتح.

الأصدقاء: فاعل مرفوع وعلامة رفعه الضمة الظاهرة على آخره.

الحفل: مفعول به منصوب وعلامة نصبه الفتحة = = = = = =.

إلا: أداة استثناء.

صالحاً: مستثنى منصوب وعلامة نصبه الفتحة الظاهرة على آخره.

ونحو: نمت غراسُ الحقل **إلا غرستين.**

نمت: فعل ماضٍ مبني على الفتح.

غراس: فاعل مرفوع وعلامة رفعه الضمة الظاهرة على آخره.

الحقل: مفعول به منصوب وعلامة نصبه الفتحة الظاهرة على آخره.

إلا: أداة استثناء.

غرستين: مستثنى منصوب وعلامة نصبه الياء ؛ لأنه مثنى.

ملاحظة: كما نلاحظ من الأمثلة السابقة فالاسم الذي يقع بعد إلا يعرب مستثنى منصوب في حالة الاستثناء التام المثبت الموجب.

ب ـ الاستثناء التام المنفي (غير موجب):

وهو الاستثناء الذي توافرت فيه جميع أركان الاستثناء ولكنه سُبق بأداة نفي.

ومن أمثلته:

ـ ما حضر الأصدقاء الحفل **إلا صالحًا أو صالحٌ.**

في المثال السابق يكون نمط الاستثناء تامًا منفيًا غير موجب ؛ لأنه توافرت فيه أركان الاستثناء ولكنه سُبق بنفي فيجوز في المستثنى وجهان **الأول:** النصب على أنه مستثنى منصوب، **والثاني:** إتباع المستثنى منه على أنه بدلٌ منه.

نحو: لا يُماري في الحقيقة إنسانٌ **إلا مكابراً أو (مكابرٌ).**

لا: حرف نفي

يماري: فعل مضارع مرفوع وعلامة رفعه الضمة الظاهرة.

في الحقيقة: جار ومجرور.

إنسان: فاعل مرفوع وعلامة رفعه الضمة الظاهرة.

إلا: أداة استثناء.

مكابراً: مستثنى منصوب وعلامة نصبه الفتحة الظاهرة على آخره.

وإذا قلنا (مكابرٌ) فتعرب: بدلاً من الإنسان مرفوع وعلامة رفعه الضمة الظاهرة على آخره.

وقولنا: لم أقرأ الديوان **إلا قصيدتين.**

إلا: أداة استثناء.

قصيدتين: مستثنى منصوب وعلامة نصبه الفتحة. أو: بدل من القصائد منصوب وعلامة نصبه الفتحة الظاهرة على آخره.

ونحو: لا يخرج الطلاب من الصفِ **إلا زيداً أو (زيدٌ).**

إلا: أداة استثناء.

زيداً: مستثنى منصوب وعلامة نصبه الفتحة. أو: بدل من الطلاب مرفوع وعلامة رفعه الضمة.

ملاحظة: كما نلاحظ من الأمثلة السابقة، **فالاسم** الذي يقع بعد إلا يُعرب إعرابان إما مستثنى منصوب أو بدل، في حالة الاستثناء التام المنفي غير موجب.

❖ ويجب أن نتنبه إلى أن الاستفهام الإنكاري نوع من النفي ويطبق عليه حكم الاستثناء المنفي ففي قولنا: وهل ينكر ذلك أحدٌ إلا جاهلاً أو جاهلٌ، فإذا قلنا جاهلاً فتعُرب مستثنى منصوبًا وعلامة نصبه الفتحة أما إذا قلنا جاهلٌ فتعُرب بدلاً من أحد مرفوعًا وعلامة رفعه الضمة.

ج ـ **الاستثناء المنقطع:** هو ما كان فيه المستثنى ليس من جنس المستثنى منه، نحو وصل المسافرون إلا **حقائبهم،** فحقائبهم هو المستثنى فهو ليس من جنس المستثنى منه وهو المسافرون، فتعرب حقائبهم مستثنى منصوب وعلامة نصبه الفتحة الظاهرة على آخره، وهو مضاف.

ونحو: خرج الطلاب من الصفوف **إلا كتبهم.**

خرج: فعل ماضٍ مبني على الفتح.

الطلاب: فاعل مرفوع وعلامة رفعه الضمة الظاهرة على آخره.

من الصفوف: جار ومجرور.

إلا: أداة استثناء.

كتبهم: مستثنى منصوب وعلامة نصبه الفتحة الظاهرة وهو مضاف.

هم: ضمير متصل مبني في محل جر مضاف إليه.

وقولنا: غادر المسافرون الطائرة **إلا أمتعتَهُم**.

إلا: أداة استثناء.

أمتعتهم: مستثنى منصوب وعلامة نصبه الفتحة وهو مضاف.

وهم: ضمير متصل مبني في محل جر مضاف إليه.

ونحو: تهيّأ الحجاج للسفر **إلا وسائط نقلهم**.

إلا: أداة استثناء.

وسائط: مستثنى منصوب وعلامة نصبه الفتحة وهو مضاف.

نقلهم: مضاف إليه مجرور وعلامة جرة الكسرة وهو مضاف وهم: ضمير متصل في محل جر مضاف إليه.

فنستنتج مما سبق أن حكم المستثنى في حالة الاستثناء المنقطع واجب النصب أي (يجب أن يكون منصوبًا ويُعرَب دائمًا مستثنى منصوبًا).

بناءً على ما ذكر سابقاً أعرب ما فوق الخط فيما يلي:

ـ قوله تعالى:) ﴿إِذْ قُلْنَا لِلْمَلَائِكَةِ اسْجُدُواْ لآدَمَ فَسَجَدُواْ إِلاَّ إِبْلِيسَ﴾ البقرة:34.

ـ زرعتُ شجر التفاح إلا ليمونةً. ـ دَخَل الضيوف إلا خيولَهُم.

ـ جاء الرجال إلا امرأةً.

د ـ الاستثناء الناقص أو المفرغ.

هو ما حذف فيه المستثنى منه وتقدمه نفي أو شبه نفي ولهذا سميّ ناقصاً ولم تعد فيه (إلا) أداة للاستثناء بل تصبح أداة للحصر.

وسميّ مفّرغاً ؛ لأن الفعل قبل (إلا) فُرّغ من معموله وهو الفاعل أو المفعول.

ملاحظة: يعرب الاسم الذي يقع بعد إلا في حالة الاستثناء الناقص أو المفرغ حسب موقعه رفعاً ونصباً وجراً.

كقوله تعالى:) وَمَا يَكفُرُ بِهَا **إلا الفَاسِقُونَ** ﴾ البقرة:99.

إلا: أداة للحصر.

الفاسقون: فاعل مرفوع وعلامة رفعه الضمة الظاهرة على آخره.

ومثل: لا يبني الوطن **إلا أبناؤهُ** المخلصون.

إلا: أداة للحصر.

أبناؤه: فاعل مرفوع وعلامة رفعه الضمة الظاهرة هو مضاف.

ونحو: ما زرت في رحلتي **إلا البتراءَ**.

إلا: أداة للحصر.

البتراء: مفعول به منصوب وعلامة نصبه الفتحة الظاهرة.

وقولنا: ما الحياة **إلا ابتسامةٌ** في وجهِ الصعاب.

إلا: أداة للحصر.

ابتسامة: خبر للمبتدأ (الحياة) مرفوع وعلامة رفعه الضمة الظاهرة.

أحكام المستثنى بـ (غير وسوى)

- حكم المستثنى أي الاسم الذي يقع بعد **غير وسوى** الجرّ بالإضافة دائمًا.
- **غير وسوى** اسمان يعربان إعراب الاسم الواقع بعد إلا أي (نضع بدل غير وسوى إلا ونعرب الاسم الذي بعد إلا فيكون إعرابه هو إعراب غير وسوى).

نحو: جاء الطلاب غيرَ طالبٍ.

نُبدل غير بـ إلا ونرى ما نوع الاستثناء بـ إلا ونعرب الاسم الذي بعد إلا فيكون إعرابه هو نفسه إعراب غير وسوى، فتعرب **غير** في هذا المثال: مستثنى منصوب وعلامة نصبه الفتحة ؛ لأن نمط الاستثناء فيه استثناء تام مثبت فيجب النصب وهكذا مع كل مثال.

ملاحظة: تُعرب غير وسوى مستثنى منصوبًا دائماً في حالة الاستثناء التام المثبت كما في الأمثلة التالية:

- عاد المسافرون **غيرَ مسافرٍ.**

غير: مستثنى منصوب وعلامة نصبه الفتحة وهو مضاف ؛ (لأن نمط الاستثناء فيه استثناء تام مثبت).

مسافرٍ: مضاف إليه مجرور وعلامة جره الكسرة.

- شاركت المصانع الأردنية في معرض عمان **غير مصنعَيْن.**

غير: مستثنى منصوب وعلامة نصبه الفتحة وهو مضاف ؛ (لأن نمط الاستثناء فيه تام مثبت).

مصنعَيْن: مضاف إليه مجرور وعلامة جره الياء ؛ لأنه مثنى.

- نُفّذت شروط الاتفاقية **سوى شرطين.**

سوى: مستثنى مصوب وعلامة نصبه الفتحة المقدرة ؛ (لأن نمط الاستثناء فيه تام مثبت)

شرطين: مضاف إليه مجرور وعلامة جره الياء ؛ لأنه مثنى.

ملاحظة: تُعرب غير وسوى إعرابين مستثنى منصوباً أو بدلاً من المستثنى منه في حالة الاستثناء التام المنفي كما في الأمثلة التالية:

ـ ما اشترى الزائر من المعرض شيئاً **سوىَ الكتبِ.**

سوى: يجوز فيها وجهان من الإعراب إما أن تُعرب مستثنى منصوبًا وعلامة نصبه الفتحة المقدرة **أو** تعرب بدلاً من الزائر مرفوعًا وعلامة رفعه الضمة المقدرة، وهو مضاف.

الكتبِ: مضاف إليه مجرور وعلامة جره الكسرة.

ـ لا يتخلف عن حماية الوطنِ أحدٌ **غيرَ الجبان أو غيرُ الجبانِ.**

غير: مستثنى منصوب وعلامة نصبه الفتحة **أو** بدل من أحد مرفوع وعلامة رفعة الضمة الظاهرة وهو مضاف.

الجبان: في الحالتين يعرب مضاف إليه مجرور وعلامة جره الكسرة.

ـ لم يحضر النجار الأدواتِ **سوىَ المطرقةِ.**

سوى: مستثنى منصوب وعلامة نصبه الفتحة المقدرة **أو** بدل من الأدوات منصوب وعلامة نصبه الفتحة المقدرة.

المطرقة: مضاف إليه مجرور وعلامة جره الكسرة.

❖ تُعرب **سوى** بالحركات المقدرة ؛ لذلك لا تظهر عليها العلامة الإعرابية، أمّا **غير** فتظهر عليها الحركة الأعرابية.

ملاحظة: تُعرب غير وسوى مستثنى منصوبًا دائماً في حالة الاستثناء المنقطع كما في الأمثلة التالية:

ـ عاد المسافرون غيرَ أمتعتهم.

غير: مستثنى منصوب وعلامة نصبه الفتحة الظاهرة وهو مضاف.

أمتعتهم: مضاف إليه مجرور وعلامة جره الكسرة وهو مضاف.

هم: ضمير متصل مبني في محل جر بالإضافة.

ـ خرج الطلاب سوى كتبهم.

سوى: مستثنى منصوب وعلامة نصبه الفتحة المقدرة وهو مضاف.

كتبهم: مضاف إليه مجرور وعلامة جره الكسرة وهو مضاف.

هم: ضمير متصل مبني في محل جر بالإضافة.

ـ تهيّأ الحجاج للسفر غيرَ وسائطِ نقلهم.

غير: مستثنى منصوب وعلامة نصبه الفتحة الظاهرة وهو مضاف.

وسائطِ: مضاف إليه مجرور وعلامة جره الكسرة الظاهرة.

ملاحظة: تُعرب غير وسوى حسب موقعها في الجملة في حالة الاستثناء الناقص أو المفرغ، كما في الأمثلة التالية:

ـ لم يتحّدث في الاجتماع غيرُ زميلين.

غيرُ: فاعل مرفوع وعلامة رفعه الضمة الظاهرة وهو مضاف.

زميلين: مضاف إليه مجرور وعلامة جره الياء ؛ لأنه مثنى.

ـ لا تتسرع في عملٍ من غيرِ أن تخطط له.

غيرِ: اسم مجرور وعلامة جره الكسرة الظاهرة على أخره.

وقد تخرج غير وسوى من موضوع الاستثناء فتعربا حسب موقعهما، كما في الأمثلة التالية:

ـ الأشجار **غير مزهرة.**

غير: خبر المبتدأ مرفوع وعلامة رفعه الضمة الظاهرة وهو مضاف.

مزهرة: مضاف إليه مجرور وعلامة جره الكسرة الظاهرة على آخره.

ـ جاء الطالبُ **غير مستعدٍ** للامتحان.

غير: حال منصوب وعلامة نصبه الفتحة الظاهرة على آخره وهو مضاف.

مستعد: مضاف إليه مجرور وعلامة جره الكسرة.

ـ رأيت **غيرك.**

غيرك: مفعول به منصوب وعلامة نصبه الفتحة الظاهرة على آخره وهو مضاف، والكاف ضمير متصل مبني في محل جر مضاف إليه.

ـ وقوله تعالى:) بَدَّلْنَاهُم جُلُودًا **غَيْرَهَا** لِيَذُوقُوا العَذَابَ ﴾ النساء:56.

غيرها: غير صفه للجلود منصوب وعلامة نصبه الفتحة الظاهرة وهو مضاف، والهاء ضمير متصل مبني في محل جر مضاف إليه.

ـ جاء رجلُ **غيرُ** صالح.

غير: صفه لرجل مرفوع وعلامة رفعه الضمة الظاهرة.

ـ جاء الرجل **غيرَ** الصالح.

غير: حال منصوب وعلامة نصبه الفتحة الظاهرة وهو مضاف.

ملاحظة: إذا جاء قبل غير **نكرة** فتعرب صفه أمّا إذا جاء **معرفة** فتعرب حالاً.

ـ جاء الذي **سواك.**

سواك: ظرف مبني على الضم، وهو مضاف والكاف مضاف إليه.

ملاحظة: الاسم الذي يقع بعد غير وسوى دائماً يعرب مضاف إليه.

أحكام المستثنى بـ خلا وعدا وحاشا.

يجوز في (خلا وعدا وحاشا) إعرابان وكذلك الاسم الذي بعدها:

1ـ أن تُعرب أفعالاً تامة متعدية وإذا أعربت هـذا الإعـراب يكـون المسـتثنى أي الاسـم الـذي بعدها مفعولاً به منصوبًا، وفاعلها ضمير مستتر تقديره هو.

مثل: أثمرت الغراسُ **عدا غرسةً**.

عدا: فعل ماضٍ مبني على الفتح.

والفاعل ضمير مستتر تقديرة هو.

غرسة: مفعول به منصوب وعلامة نصبه الفتحة الظاهرة.

2ـ أن تُعرب أحرف جر وإذا أعربت هذا الأعراب يكون الاسم الذي بعدها اسمًا مجرورًا.

مثل: أثمرت الغراسُ **عدا غرسةٍ**.

عدا: حرف جر.

غرسه: اسم مجرور بـ عدا وعلامة جـره الكسـرة (وهـو المسـتثنى في المعنـى). (وهكـذا في كـل مثال).

ونحو: قد يملُّ الجلساءُ **عدا الكتابَ** أو (**عدا الكتابِ**).

عدا: فعل ماضٍ مبني على الفتح أو حرف جر.

الكتاب: مفعول به منصوب وعلامة نصبه الفتحة وهو المستثنى أو اسم مجرور وعلامـة جـره الكسرة وهو المستثنى.

ونحو: عطفتُ على الفقراء **خلا فقيراً** أو (**خلا فقيرٍ**).

خلا: فعل ماضٍ مبني على الفتح أو حرف جر.

فقير: مفعول به منصوب وعلامة نصبه الفتحة أو اسم مجرور وعلامة جره الكسرة.

وقولنا: قطفتُ الأزهار **عدا زهرة** أو (عدا زهرةٍ).

عدا: فعل ماضٍ مبني على الفتح أو حرف جر.

زهرة: مفعول به منصوب وعلامة نصبه الفتحة أو اسم مجرور وعلامة جره الكسرة.

ونحو: قد يجحد الإنسان المعروف **حاشا الكريمَ** أو (حاشا الكريمِ).

حاشا: فعل ماضٍ مبني على الفتح أو حرف جر.

الكريم: مفعول به منصوب وعلامة نصبه الفتحة الظاهرة أو اسم مجرور وعلامة جره الكسرة.

ملاحظة: فاعل (عدا، خلا، حاشا) يكون دائماً ضميراً مستتراً وجوباً تقديره هو.

<u>أحكام الاستثناء بـ (ما عدا، ما خلا، ما حاشا).</u>

❖ تكون (ماعدا، ماخلا، ما حاشا) أفعالاً ماضية تامة ويعرب الاسم الذي بعدها مفعولاً به منصوباً فقط لا غير والفاعل ضمير مستتر وجوباً تقديره (هو).

مثل: يعترف الناس بفضل أهل الفضل **ما خلا المكابرَ.**

ما خلا: ما حرف مصدري، خلا: فعل ماضٍ مبني على الفتح.

والفاعل: ضمير مستتر وجوباً تقديره هو.

المكابرَ: مفعول به منصوب وعلامة نصبه الفتحة الظاهرة.

والمصدر المؤول من **ما والفعل** في محل نصب حال.

ونحو: أورقت الأشجار **ما عدا شجرةً.**

ما عدا: ما حرف مصدري، عدا: فعل ماضٍ مبني على الفتح.

والفاعل: ضمير مستتر وجوباً تقديره هو.

شجرة: مفعول به منصوب وعلامة نصبه الفتحة الظاهرة.

والمصدر المؤول من **ما والفعل** في محل نصب حال.

وقولنا: أفرغت السفن بضائعها **ما خلا سفينةً.**

ما خلا: ما حرف مصدري، خلا: فعل ماضٍ مبني على الفتح.

والفاعل: ضمير مستتر وجوباً تقديره هو.

سفينة: مفعول به منصوب وعلامة نصبه الفتحة الظاهرة.

والمصدر المؤول من **ما والفعل** في محل نصب حال.

ونحو: عثرتُ عليها كلها **ما عدا مرجعين.**

ما عدا: ما حرف مصدري، عدا: فعل ماضٍ مبني على الفتح.

والفاعل: ضمير مستتر وجوباً تقديره هو.

مرجعين: مفعول به منصوب وعلامة نصبه الياء ؛ لأنه مثنى.

والمصدر المؤول من **ما والفعل** في محل نصب حال.

ونحو: ألا كلّ شيءٍ **ما خلا الـلـه** باطل   وكل نعيمٍ لا محالة زائلُ.

ما خلا: ما، حرف مصدري، خلا: فعل ماضٍ مبني على الفتح.

والفاعل: ضمير مستتر وجوباً.

الـلـه: لفظ الجلالة مفعول به منصوب وعلامة نصبه الفتحة الظاهرة.

والمصدر المؤول من **ما والفعل** في محل نصب حال.

ملاحظة: يُعرب المصدر المؤول من (ما خلا، ما عدا، ما حاشا) دائماً في محل نصب حال كما بينا في الأمثلة السابقة.

فوائد وتنبيهات

أي أخيّ: على الرغم من أني قد شرحتُ درس الاستثناء وأعطيته حقه بالكامل من الأمثلةِ والتفصيل وأني لم أبخل عليه بجهدِ أو بمعلومةٍ كانت عندي فإني أضع بين يديك في نهاية هذا الدرس مجموعة من النقاط قد أكون أشرت إليها سابقاً في ثنايا الدرس ولكن هاأنا أضعها لك على شكل نقاط وهي:

(1): إذا طلب منك إعراب الاسم الواقع بعد إلا فانتبه إلى تحديد نمط الاستثناء هل هو تام مثبت أم تام منفي أم منقطع أم ناقص.

(2): إذا طلب منك إعراب الاسم الواقع بعد (غير وسوى) تذكر أنه مجرور بالإضافة دائماً.

(3): تذكر أن (إلا) تعتبر أداة للحصر في نمط الاستثناء الناقص أو المفرغ ويعرب الاسم الذي بعدها حسب موقعه في الجملة.

(4): تذكر إذا طلب منك إعراب (غير وسوى) فقم بإبدالهما بإلا ثم أعرب الاسم الذي بعد إلا فيكون إعرابه هو إعراب غير وسوى.

(5): إذا طلب منك إعراب (عدا وخلا وحاشا) وأيضًا إعراب الاسم الذي بعدها **تذكر** أنه يجوز فيهما وجهان من الإعراب إما أن تكون أفعالاً ماضية تامة وساعتئذٍ يعرب الاسم الذي بعدها مفعولاً به منصوباً، وإما أن تعرب أحرف جر وعندئذ يعرب الاسم الذي بعدها اسمًا مجرورًا.

(6): تذكر إذا طلب منك إعراب (ماعدا و ماخلا و ماحاشا) فهي أفعال ماضية تامة ويعرب الاسم الذي بعدها مفعولاً به منصوبًا دائمًا.

(7): أعلم أنه إذا تقدم المستثنى على المستثنى منه فالمستثنى واجب النصب في هذه الحالة أيًا كان نمطه ومثال ذلك، قولنا: **ما للإنسان إلا الإيمان وسيلة لراحةِ**

النفس واطمئنانها. (تعرب كلمة الإيمان مستثنى منصوب لأنه تقدم المستثنى على المستثنى منه).

وقِس على ما سبق قولنا: ما للناس إلا اللـهَ معين، ونحو: ما لي إلا أحمد صديق

وقول الشاعر: وما لي إلا آلَ أحمدَ شيعةٌ   وما لي إلا مذهبَ الحقِ مذهبُ.

(8): ممكن أن تقع غير وسوى في سياق غير الاستثناء كما ذكرت سابقًا،

مثل: جاء محمد **غير** راكب. (فغير هنا حال)، ونحو: قابلت رجلاً **غير** طويل. (فغير هنا نعت).

الممنوع من الصرف

تعـريفه: هو اسم معرب لا يلحقة التنوين، ويجر بالفتحة عوضاً عن الكسرة.

كقوله تعالى:) وَمَن كَانَ مَرِيضاً أو على سَفَرٍ فَعِدَّة مِّن ايَّامٍ **أُخَرَ** ﴾ البقرة: 185

أُخر: نعت لأيام مجرور وعلامة جره الفتحة عوضاً عن الكسرة ؛ لأنه ممنوع من الصرف.

وقوله تعالى:) قُلنَا يا نَارُ كُونِي بَرْدًا وَسَلامًا على **إبراهِيمَ** ﴾ الأنبياء:69.

ابراهيم: اسم مجرور وعلامة جره الفتحة عوضًا عن الكسره ؛ لأنه ممنوع من الصرف.

وقولنا: نالت **فاطمةُ** جائزة الإلقاء الشعريّ.

فاطمة: فاعل مرفوع وعلامة رفعه الضمة الضاهرة على آخره (لم ينون ؛ لأنه ممنوع من الصرف).

ونحو: هذه **بغداد** دار السلام.

بغداد: خبر مرفوع وعلامة رفعه الضمة الضاهرة على آخره (لم ينون ؛ لأنه ممنوع من الصرف).

الأسماء الممنوعة من الصرف أربع فئات وهي:

اولاً: الأعلام

العلم لفظ يدل بنفسة على معين كأسماء الأشخاص والبلدان والأنهار والكواكب **ويمنع من الصرف في الحالات التالية:**

1ـ **إذا كان علماً أعجمياً:** أي لفظه غير عربي في أصل وضعه ؛ مثل: إبراهيم، يوسف، بطرس، ماري، عجلون، فلسطين، إسحاق، لندن، جورج، لندا. وكل أسماء الأنبياء أعجمية ما عدا ثلاثة (محمد، وصالح، وشعيب).

2 ـ **إذا كان علماً مؤنثاً:** والعلم المؤنث ثلاثة أنواع وهي جميعها ممنوعة من الصرف، وهذه الأنواع هي:

أ ـ **العلم المؤنث تأنيثاً لفظياً:** أي علم لمذكر وينتهي بعلامة تأنيث، مثل: حمزة، طلحة، معاوية، أسامة، عُبادة، حنظلة، حذيفة، علقمة. ولو سمّي رجلُ بـ سلمى لكان من هذا النوع.

ب ـ **العلم المؤنث تأنيثاً معنوياً:** أي علم لمؤنث ولكنه لا ينتهي بعلامة تأنيث ؛ مثل: دلال، أحلام، سعاد، رهام، حنان، فاتن، خلود، رماح، نبال، عروب، عبير، أنسام، سندس، وعد، أخلاص. ولو سميت امرأة بخالد لكانت من هذا النوع.

ج ـ **العلم المؤنث تأنيثاً لفظياً ومعنوياً:** أي علم لمؤنث وينتهي بعلامة التأنيث ؛ مثل: فاطمة، رانية، خديجة، ميساء، بشرى، دنيا، عليا، هيفاء، سلوى.

ملاحظة: الأسماء التي تخلو من علامة التأنيث (مثل: كفاح، جهاد) نُعاملها على حسب مدلولها فإن دلت على أنثى مُنعت من الصرف وإن دلت على مذكر لم تُمنع، مثل: جهادٌ طالبٌ نشيطٌ ، جهادُ طالبةٌ نشيطةٌ.

فائدة: علامات التأنيث هي: التاء، الألف المقصورة (ى، ا)، والألف الممدودة (اء)، وتسبق ألف التأنيث _ دائمًا _ أحرف الأصل الذي أُخذ منه الاسم.

3 ـ **إذا كان العلمُ على وزن خاص بالفعل** ؛ مثل: أحمد، شمَّر، يزن، يزيد، يثرب، ينال، أكرم، سحر، رنا، تَعِز، تَغلب، تَدمر. فإن أوزان هذه الأسماء مختصة بالأفعال فأحمد: أفعلُ وشمّر: فعّلَ ويزيد: يفعلُ وتدمر: تَفعُل....

4 ـ **إذا كان علماً على وزن فُعَل** ؛ مثل: عُمَر، زُحَل، جُمَح، جُحَا، زُلَف، عُصَم، قُزَح، هُبَـل، زُفَـر، مُضَر، جُمَع، نحو: ممرتُ بالنّاس جُمَعَ.

5 ـ **إذا كان علماً مركباً تركيباً مزجياً** ؛ مثل: حضرموت، بيت راس، كُفر أسد، كفرنجة، بيت عور، دير علا، بعلبك، بيت ساحور، رامهرمز.

6 ـ **إذا كان علماً مختوماً بألف ونون زائدتين**[1] ؛ مثل: رمضان، شعبان، سمعان، عدنان، فرحان، نعمان، مروان، عدوان، عثمان، غسان.

ملاحظة: إذا كانت النون أصلية في بنية الكلمة فلا تُمنـع مـن الصرف مثـل: إحسـان، برهـان، لسان، إيمان ؛ لأن أصلها: حسن، برهن، لسن، أمن، ولذلك لا تمنع من الصرف.

وعلى هذا فالعلم (حسّان أو عفّان) يمكن صرفهما على أنهما من حسن وعفن، ويمكن مـنعهما على أنهما من حسّ وعفّ.

---

(1) ـ انتبه شرط بأن يكون علمًا ومختوم بألف ونون زائدتين، أما قولنـا (بسـتان، حصـان) فهـما منصرفتان ؛ لأنهـما ليسـت أعلام.

ثانياً: الصفات

تُمنع الصفة من الصرف في الحالات التالية:

1 ـ **إذا كانت على وزن (أفعل) الذي مؤنثة (فَعلاء) أو (فُعلى)** ؛ مثـل: أسـمر: سَـمراء، أخضر: خَضراء، أزرق: زَرقاء، أطول: طُولى، أمثل: مُثلى، أصغر: صُغرى، أفضل: فُضلى، أعظـم: عُظمـى. (1)

كقول الرسول صلى الـلـه عليه وسلم : " رب **أشعثَ** أغبر مدفوع بالأبواب لو أقسم على الـلـه لابره " صدق رسول الـلـه.

وقول الرسول صلى الـلـه عليه وسلم : " الساكتُ عـن الحـقِ شيطانٌ **أخرسُ** " صـدق رسـول الـلـه.

ونحو: وإن مُدّت الأيدي إلى الزاد لم أكن... بأعجلهم إذ **أجشعُ** القومِ أعجلُ.

انتبه: في البيت السابق كلمة **أجشع** ليست ممنوعة من الصرف لأنها أضيفت.

2 ـ **إذا كانت على وزن (فَعْلان) الذي مؤنثة (فَعـلى)** ؛ مثـل: غضـبان غضـبى، يقضـان يقضى، عطشان عطشى، ملآن ملأى، حيران حيرى، ضمآن ضمأى.

كقول رسول الـلـه صلى الـلـه عليه وسلم : " لا يحكمُ أحدٌ بين اثنين وهو **غضبان** ".

وقوله تعالى:) فَرَجَع مُوسى الى قَوْمِهِ **غَضْبَانَ** أَسِفًا ﴾ طه:86.

ونحو: أنظر كلَّ **عطشان** فأسقهِ، وكل **غضبان** فأرضهِ. (فكلاهما مضاف اليه مجرور وعلامة جره الفتحة عوضًا عن الكسرة ؛ لأنه ممنوع من الصرف).

أمّا إذا كان مؤنث فَعْلان فعلانة فلا يمنع من الصرف نحو نعسان: نعسانه.

---

(2) ـ انتبه هذه الصفات إذا جاء بعدها ما الموصولة بمعنى الذي فتُصرف، مثل: مـن أكـثرِ مـا فاجـأني رسـوبَك في الامتحـانِ. فتكون أكثر مضافة وفي هذه الحالة لا تكون ممنوعة من الصرف ؛ لأنه مضافة إلى ما بعدها.

3 ـ **إذا كانت على وزن (فُعال) أو (مَفعل)**، وهذان الوزنان من الأعداد ؛ مثـل: أُحـاد ومَوحـد، ثُناء ومَثنى، وثُلاث ومَثلث، ورَباع ومَربع، وعُشار ومَعشر، وخُماس ومَخمس.

كقوله تعالى:) فَانِكحُوا مَا طَابَ لَكُم مِّن النِّسَاء مَثْنَى وَثُلاثَ ورُباعَ ﴾ النساء:3

4 ـ **إذا كانت على وزن (فُعل)** ؛ مثل: أُخر.

نحو: أقبلت المدعواتُ ونساء **أُخر**، (صفه مرفوع ؛ وعلامة رفعه الضمة).

ثالثاً: الأسماء المختومة بألف التأنيث

وهي قســـــمان:

1ـ **الأسماء المختومة بألف التأنيث المقصورة** ؛ مثل: دعوى، سكرى جـدوى، مـرضى، أسرى، فتوى، عليا، دنيا، يمنى، ذكرى،، جَرْحى سَلْمى، لَيْلى، قَتْلى، نَجْوى.

نحو: كم **ذكرى** أليمةٍ نتذكر، (اسم مجرور وعلامة جره الفتحـة المقـدرة عـلى آخـرة ؛ لأنه ممنوع من الصرف).

ملاحظة: كل اسم ينتهي بألف تأنيث مقصورة (ى) يُعرب بالحركات المقدرة.

2 ـ **الأسماء المختومة بألف التأنيث الممدودة** ؛ مثل: غبراء، صفاء، صفراء، كبريـاء، حمـراء، شعراء، هوجاء، شركاء.

كقوله تعالى:) إِذ جَعَلَ فِيكُم **أَنبِياءَ** وَجَعلكُم مُّلُوكًا ﴾ المائدة:20.

نحو: اكتشفت معالمُ حضارية في **صحراءَ**.

ملاحظة: ألف التأنيث المقصورة تكون على شكلين (ى، ا) أما الممدودة فتكون على شكل (اء).

رابعاً: صيغة منتهى الجموع

وهي كل جمع تكسير ثالثة ألف بعدها حرفان أو ثلاثة أحرف أوسطها ساكن وتكون على صيغتين هما: **مفاعل، مفاعيل**. ؛ مثل: منابع، غنائم، مدارس، مصادر، قصائد، عجائب، نواعير، قناديل، مساكين، تصاريف، تصانيف، دنانير، نواميس، عصافير، مصابيح.

كقوله تعالى:) يَعْمَلُونَ لهُ مَا يشَاءُ مِن **مَّحارِيبَ وتماثيلَ** ﴾ سبأ:13.

ملاحظة: إذا كان العلم الممنوع من لصرف ثلاثياً ساكن الوسط جاز صرفه مثل: هنْد ولوْط ونوْح ودعْد.

إعراب الممنوع من الصرف

يُرفع الممنوع من الصرف بالضمة وينصب ويجر بالفتحة عوضاً عن الكسرة.

تطبيقات محلولة:

1 ـ قوله تعالى:) فَعِندَ اللـهِ **مَغَانِمُ** كَثِيرَةٌ ﴾ النساء:94.

مغانم: مبتدأ مؤخر مرفوع وعلامة رفعه الضمة الضاهرة على آخره (لم ينون لأنه ؛ ممنوع من الصرف)

2 ـ قوله تعالى:) هَذَا **بَصَائِرُ** لِلنَّاس وَهُدىً وَرَحمةً لِّقومٍ يُوقِنُون ﴾ الجاثية:20

بصائر: خبر المبتدأ هذا مرفوع وعلامة رفعه الضمة (لم ينون لأنه ؛ ممنوع من الصرف)

3 ـ قوله تعالى:) وإنِّي سَمَّيتُهَا **مَرْيَمَ** ﴾ آل عمران:36.

مريم: مفعول به ثانٍ منصوب وعلامة نصبه الفتحة الضاهرة على آخره (لم ينون ؛ لأنه ممنوع من الصرف).

4 ـ أوصى **معاويةُ** بن أبي **سفيان** بالخلافة لابنه **يزيد.**

معاوية: فاعل مرفوع وعلامة رفعه الضمة الضاهرة على آخره (لم ينون ؛ لأنه ممنوع من الصرف)

سفيان: مضاف اليه مجرور وعلامة جره الفتحة عوضاً عن الكسرة ؛ لأنه ممنوع من الصرف

يزيد: بدل من ابن مجرور وعلامة جره الفتحة عوضاً عن الكسرة ؛ لأنه ممنوع من الصرف.

5 ـ قال رسول الله صلى الله عليه وسلم : " رُب **أشعث** أغبرَ مدفوعٌ بالأبوابِ لو أقسم على الله لأبره " صدق رسول الله

أشعث: اسم مجرور لفظاً وعلامة جره الفتحة عوضاً عن الكسرة ؛ لأنه ممنوع من الصرف مرفوع محلاً على أنه مبتدأ.

6ـ **وأطلسَ** عسّالٍ وما كان صاحبا   دعوتُ بناري موهِناً فأتاني.

الواو: واو رب

أطلس: اسم مجرور لفظًا بواو رب منصوب محلاً على أنه مفعول به لـ دعوت وعلامة جره الفتحة عوضًا عن الكسرة ؛ لأنه ممنوع من الصرف.

7 ـ قوله تعالى:) وَلَقَد زَيَّنَّا السَّمَاء الدُّنيا **بِمَصَابِيح** ﴾ الملك:5

بمصابيح: اسم مجرور وعلامة جره الفتحة عوضاً عن الكسرة ؛ لأنه ممنوع من الصرف.

8 ـ لم تترك الرياح من **ثمود** شيئاً.

ثمود: اسم مجرور وعلامة جره الفتحة عوضًا عن الكسرة ؛ لأنه ممنوع من الصرف.

متى يُصرف الممنوع من الصرف؟

يجر الممنوع من الصرف بالكسرة في حالتين هما:

1 ـ إذا عُرّف بأل التعريف **2 ـ إذا أضيف.**

توجية: إذا كان الاسم الممنوع من الصرف مُعرفًا بأل التعريف أو كان مضافًا فيصبح ليس ممنوعاً من الصرف.

مثـــل:

1 ـ ليس لابن **البيضاء** على أبن السوداء فضل.

البيضاء: مضاف اليه مجرور وعلامة جره الكسرة الضاهرة على آخره (جُرّ بالكسرة لأنه ليس ممنوع من الصرف ؛ لأنه جاء مُعرفاً بأل) وهكذا كلمة سوداء

2 ـ قال رسول الله صلى الله علية وسلم "...... رِفقاً **بالقوارير**[1] " القوارير: اسم مجرور وعلامة جره الكسرة الضاهرة على آخره (جُرّ بالكسره ؛ لأنه ليس ممنوعاً من الصرف لأنه جاء مُعرفاً بأل).

3 ـ لا تصنع المعروف من أجل **منافعِ** الدنيا.

منافع: مضاف إليه مجرور وعلامة جره الكسرة الضاهره على آخره (جُرّ بالكسرة ؛ لأنه ليس ممنوعاً من الصرف ؛ لأنه جاء مضافًا).

4 ـ من **الشعراءِ** الشهداء في تاريخنا عبد الله بن رواحة.

---

(1) ـ القوارير: تُعني النساء.

الشعراء: اسم مجرور وعلامة جره الكسرة الضاهرة على آخره (لأنه ليس ممنوعاً من الصرف ؛ لأنه عُرّف بأل).

5 ـ تقدير **العلماءِ** واحترامهم ضاهرة حضارية سامية .

العلماء: مضاف إليه مجرور وعلامة جره الكسرة. (لأنه ليس ممنوعاً من الصرف ؛ لأنه عُرّف بأل).

6 ـ قوله تعالى:) لَقَد خَلَقنا الإنسانَ في **أحسَن** تَقوِيمٍ ﴾ التين:4.

أحسن: اسم مجرور وعلامة جره الكسره الضاهره ؛ لأنه مضاف.

7 ـ قاعةُ الأسود في قصر **الحمراء** في الأندلس من روائع الفنّ الإسلامي.

الحمراء: مضاف إليه مجرور وعلامة جره تنوين الكسر ؛ لأنه معرف بأل.

أسماء الأفعال

تعـريفها:

هي كلمات تدل على معنى الفعل وزمنه ولكن لا تسمى فعلاً ؛ لأنها لا تقبل علامات الفعل.

❖ أسماء الأفعال جميعها مبنية.

❖ **أسماء الأفعال من حيث دلالتها الزمنية تنقسم إلى ثلاثة أقسام وهي:**

(1): **اسم فعل ماضٍ:** وهو كل اسم يدل على الفعل الماضي دون أن يقبل علاماته ويدل على معناه وزمنه الماضي ومن **أمثلتـهِ: (هيهات** بمعنى بَعُد، **شتّان** بمعنى افترق وعظم الفرق، **سرعان** بمعنى أَسَرعَ، بطآن بمعنى أبطأ).

مثل: **شتّان** الجدُ والإهمالُ.

شتان: اسم فعل ماضٍ مبني على الفتح بمعنى بعد وافترق لا محل له من الإعراب.

الجد: فاعل مرفوع وعلامة رفعه الضمة الظاهرة على آخره.

والإهمال: الواو حرف عطف لا محل له من الإعراب **والإهمال:** معطوف مرفوع بالضمة الظاهرة على أخره.

ونحو: **هيهات** العقيق ومن به.[1]

هيهات: اسم فعل ماضٍ مبني على الفتح بمعنى بَعُد.

العقيق: فاعل مرفوع وعلامة رفعه الضمة الظاهرة على آخره.

وقولنا: **شتان** ما بين الثّرى والثُّريا.

شتان: اسم فعل ماضٍ مبني على الفتح بمعنى افترق لا محل له من الإعراب.

---

(1) ـ العقيق: هو وادٍ بالحجاز كأنه عُقّ أي شُقّ، ويجمع على أعِقّة.

ما: اسم موصول في محل رفع فاعل.

ونحو: حاول أن يمثل الدور بإتقان، ولكن **سرعان** ما انكشف.

سرعان: اسم فعل ماضٍ مبني على الفتح بمعنى أسرع.

انكشف: فعل ماضٍ مبني على الفتح **والمصدر المؤول** في محل رفع فاعل لـ (سرعان).

(2): **اسم فعل مضارع:** هو اسم يدل على زمن الفعل المضارع ولا يقبل علاماته **ومن أمثلته:** (**أفٍّ** بمعنى أتضجر، **آه** بمعنى أتوجع، **أخ** بمعنى أتألم أو أتكره، **وي** بمعنى أتعجب)

كقوله تعالى:) فلا تقل لهما **أُفّ** ولا تنهرهما ﴾ الإسراء:23.

أف: اسم فعل مضارع مبني على الفتح بمعنى اتضجر.

والفاعل: ضمير مستتر وجوبًا تقديره (أنا).

ومثل: **أخّ**، يا رأسي !

أخ: اسم فعل مضارع مبني على الفتح بمعنى اتألم.

والفاعل: ضمير مستتر وجوبًا تقديره (أنا).

ونحو: **أوّاه** مِنك وآه ما اقساك.

أوّاه: اسم فعل مضارع مبني على الكسر بمعنى أتوجع.

والفاعل: ضمير مستتر وجوباً تقديره (أنا).

وقولنا: **آهِ** من قيدك أدمى معصمي.

آه: اسم فعل مضارع مبني على الكسر بمعنى أتوجع.

والفاعل: ضمير مستتر وجوبًا تقديره (أنا).

ملاحظة مهمة: فاعل اسم الفعل المضارع يكون ـ دائماً ـ ضميراً مستتراً وجوباً.

ملاحظة مهمة: اسم فعل المضارع (آه) و (أواهِ) و (وي) تكون دائماً مبنية على الكسر.

(3): **اسم فعل الأمر:** هو كل اسم يدل على زمن الفعل الأمر ولا يقبل علاماته ولكن يدل على معناه وزمانه.

ومن أمثلته: (**آمين** بمعنى استجب، **صه** بمعنى اسكت، **مه** بمعنى اكفف، **بس** بمعنى اكتف، **حيّ** بمعنى أقبل، **هلّم** بمعنى تعال، **رويدك** بمعنى تمّهل، **عليك** بمعنى الزم، **إليك عني** بمعنى تنحّ، **إليك الكتاب** بمعنى خُذه، **أمامك** بمعنى تقدّم، **وراءك** بمعنى تأخّر، **حذارِ** بمعنى احذر، **سماعِ** بمعنى اسمع، **هيّا** بمعنى أسرع، **إيهِ** بمعنى زد واستمّر، **هاكّ** بمعنى خُذ، **دونك الكتاب** بمعنى خُذه، **مكانك** بمعنى اثبت).

ملاحظة: أسماء أفعال الأمر كثيرة جداً وحاولت أن أضع بين يدي القارئ أكبر قدرٍ منها.

كقوله تعالى:) يَا أيُّها اللذِينَ آمَنُوا **عَلَيكُم** أَنفُسَكُم ﴾ المائدة:105.

عليكم: اسم فعل أمر مبني على الفتح بمعنى الزموا.

والفاعل: ضمير مستتر وجوبًا تقديره (أنتم).

وقوله تعالى:) قُل **هَاتُوا** بُرهَانَكُم ﴾ سورة القصص:75.

هات: اسم فعل أمر مبني على السكون.

والفاعل: واو الجماعة.

ونحو: **حيّ** على الصلاة.

حيّ: اسم فعل أمر مبني على الفتح بمعنى أقبل.

والفاعل: ضمير مستتر وجوباً تقديره (أنت).

وقول الشاعر:

هي الدنيا تقول بملء فيها **حذارِ** حذارِ من بطشي وفتكي.

حذارِ: اسم فعل أمر مبني على الكسر بمعنى احذر.

والفاعل: ضمير مستتر وجوباً تقديره (أنت).

حذارِ: توكيد معنوي.

ونحو: **رويدك** لا تنخدع بالقشور.

رويدك: اسم فعل أمر مبني على الفتح بمعنى تمهل.

والفاعل: ضمير مستتر وجوباً تقديره (أنت).

وقولنا: **عليك** بالصدقِ.

عليك: اسم فعل أمر مبني على الفتح بمعنى الزم.

والفاعل: ضمير مستتر وجوباً تقديره (أنت).

ملاحظة مهمة: فاعل اسم فعل الأمر يكون ـ غالباً ـ ضميراً مستتراً وجوباً.

❖ أسماء الأفعال من حيثُ أصل وضعها في اللغة ثلاث فئات وهي

(1): **أسماء أفعالٍ مرتجلة:** وهي ما وضعت في أول أمرها أسماء أفعال للتعبير عن معاني الأفعال ومعظم أسماء الأفعال من هذه الفئة مثل: هيهات، صه، مه، آمين.

(2): **أسماء أفعالٍ منقوله:** أي أنها لم توضع أصلاً للدلالة على معاني الأفعال، واستعملت في اللغة على أنها أحرف جر أو ظروف ثم نُقلت إلى معنى الفعل وتكون منقوله عن ثلاثة أمور وهي:

أ ـ عن المصدر ؛ مثل: رويدك، بله الشّر ؛ أي تركته.

ب ـ عن جار ومجرور ؛ مثل: عليك نفسك، إليك عني.

ج ـ عن ظرف ؛ مثل: دونك، أمامك، مكانك، وراءك.

(3): **أسماء أفعالِ قياسية**، وتكون على وزن (فَعَالِ) من كل فعل ثلاثي تام متصرف، مثل: نَزَالِ، لَحَاقِ، حَذَارِ، دَراك. [1]

(1) ـ هذه الأفعال القياسية أصلها أفعال أمر، فنقول: أنزل، ألحق، أدرك وهكذا.

بعض الأخطاء الشائعة

- تعصَّبَ ضدّ فُلانٍ، والصواب تعصَّبَ على فُلانٍ.

- عَمَلٌ مُعيبٌ، والصواب عَمَلٌ مَعيبٌ أو معيوب ؛ لأن في العربيـة الفعـل (عـابَ) ولـيس فيهـا (أعابَ)، واسم الفاعل منه عائِبٌ.

- لا أفعلة قطُّ، والصواب لا أفعلة أبدًا، أو ما كذبت أبدًا، والصواب فيها أيضًا مـا كـذبت قـطّ ؛ لأن قطّ تكون مع الماضي أما أبدًا مع المستقبل، فيقال لن أكذب أبدًا.

- البابُ مَقفولٌ، والصواب البابُ مُقفلٌ ؛ لأننـا نقـول أقفـل البـاب، وأقفـل اسـم المفعـول منـه مُقفَل.

- صلّح الكتاب، والصواب صحَّح الكِتاب.

- لَغَويّ، والصواب لُغَويّ ؛ لأن معنى لَغوي كثير اللّغْوِ أي ثرثار.

- أمسِيةٌ شعريّةٌ، والصواب أُمسِيّةٌ شِعرية، وجمعها أماسيّ.

- أوّله، والصواب أوُلى هي مؤنث أوّل.

- نحن واثِقون ببراءتِه، والصواب نحن موقنون ببراءتِهِ ؛ لأن وثق بِهِ تعني ائتمنه.

- هذا رَجلٌ أعزَبُ، والصوابَ عَزَبٌ.

- فُلانٌ معصومٌ عن الخطأ، والصواب فلانٌ معصومٌ من الخطأ.

- عَصِيَ أمرهُ، والصواب عَصَى أمرهُ فهو عاصٍ.

- فلانٌ عاطلِ عن العمل، والصواب فلان عاطِلٌ من العمل، أي باقٍ بلا عمل وهو قادر عليه.

- بَرَز فُلانٌ في العلم بُروزًا عظيمًا، والصواب برَّز فُلانٌ في العلم ؛ لأن معنى برَّز في العلم أي فاق أصحابه، أما برز أي ظهر بعد خفاء.

- كانت خُطبة فلان أمس والزواج بعد شهر، والصواب خِطبة فلان، أما خُطبة هو ما يقوله الخطيب من كلام على المنبر.

- تتحلى النساء بالمجوهرات، والصواب تتحلى النساء بالجواهر ؛ لأن الجواهر جمع جوهرة ولا تُجمع جوهرة على مجوهرات.

- عيدك مبروك، والصواب عيدك مبارك ؛ لأنها من الفعل بارك ومعنى بارك الله فيه أي جعل فيه خير، أما مبروك فهي من الفعل برك، وبرك البصر أي أزاح، وأيضًا مبروك اسم شيطان.

- منعه عن اللعب، والصواب منعه من اللعب.

- مَمنُون لك، والصواب شاكرٌ لك، يستعملون ممنون بدل شاكر وهي كلمة تركية، أما ممنون تعني في العربية مقطوع، وقد جاء ذلك في قوله تعالى:﴿ لهم أجرٌ غير ممنون ﴾ [1] أي غير مقطوع، وتلك الكلمة نستخدمها بكثرة في كلامنا، فعندما يخدمك أحد فتقول له: أنا ممنونٌ لك.

- تأسّست الجامعة عام كذا، والصواب أُسّسِت الجامعة عام كذا ؛ لأن الجامعة لا تتأس بنفسها ولا بد لها من أناس يؤسسونها، وبعض المعاجم سمحت باستخدام الكلمتين معًا.

- **الكل**، **البعض**، والصواب فيهما **كل**، **وبعض** دون اللام ؛ قال سيبويه لا يجوز إدخال اللام على كل وبعض.

- اعتذر فلانٌ عن ذنبه، والصواب أعتذر فلانٌ من ذنبه ؛ لأن أكثر المعاجم ذكرت حرف من بعد الفعل اعتذر، ويعني محو أثره.

---

(1): سورة السجدة، آية 8.

- نفسٌ طموح، والصواب نفسٌ طامِحةٌ ؛ لأن العربية ليس فيها طموح بهذا المعنى، وفي المعاجم: فرسٌ طموح البصر. أي مرتفعة.

- آسف، والصواب أسِف ؛ ودليل ذلك قوله تعالى:) ورجع موسى إلى قومه غضبان أسِفًا ﴾ (1).

- جاء كافّةُ النّاسِ، والصواب جاء النّاسُ كافّةً، وذلك بنصب كافة على الحال.

- يقولون في جمع نُّقطة نُقاط، بوضع ضمة على حرف النون، والصواب أن تجمع على نِقاطٌ.(2)

- يقولون هذا مُباعٌ، والصواب مَبيعٌ أو مَبيُوعٌ ؛ لأنه من الفعل باع وهو ثلاثي واسم المفعول منه مبيوع أو مبيع.

- يقولون مطلوب مهندسين، والصواب مطلوب مهندسون، وذلك ؛ لأن مهندسون: نائب فاعل مرفوع وعلامة رفعة الواو ؛ لأنه جمع مذكر سالم، وذلك لأن اسم المفعول يعمل عمل فعله المبني للمجهول، وهذا الخطأ يتكرر في الإعلانات غالبًا.

- يقولون حضر معلموا المدرسة، والصواب حضر معلمو المدرسة، وذلك ؛ لأن واو جمع المذكر السالم لا تلحق ألفٌ إن أُضيف.

- يضعون في الإعلانات أن يكون حاصلٌ على شهادة خبرة، والصواب أن يكون حاصلاً على شهادة خبرة.

- يقولون فتىٌ رزينٌ أي وقور وفتاة رزينةٌ، والصواب فتاةٌ رزانٌ.(3)

---

(2): الأعراف، آية 150.

(1): فقد توهموا في ذلك ونقلوا الضمة من المفرد إلى الجمع على نفس الحرف وهذا غير صحيح.

(2): رزن: وهو الثقيل من كل شيْ، ورجلٌ رَزينٌ أي وقور وساكن، وامرأة رَزانٌ، إذ كانت ذات ثباتٍ ووقارٍ وعفافٍ، وقال حسان بن ثابت يمدح عائشة رضي الله عنها: حَصانٌ رَزان لا تُزَنُّ بريبةٍ.

- يقولون واسطة أو الواسطة، والصواب وساطة أو الوساطة.[1]

- يقولون انتقدتُ الشّاعر فُلانًا أو نقدتهُ، والصواب انتقدتُ شِعر فلانٍ ؛ لأن النقد موجهُ إلى ما ينضمهُ الشاعر وليس للشاعر نفسِهِ.

- يقولون الشريعة **السمحاء**، والصواب الشريعة **السمحة** ؛ لأنه لا يوجد مفرد لها وهو أسمح حتى تكون سمحاء.

- يقولون **ثَكنات** الجيش، والصواب **ثُكنات** الجيش ؛ لأن مفردها ثُكنة بالضم وليس بالفتح.

- نقول أنت **مِثابة** أبي، والصواب أنت **مثل** أبي ؛ لأن المثابة تعني المنزل أو الملجأ.[2]

- نقول هذا تلميذ **شاطر**، والصواب هذا تلميذ **ذكي** أو **حاذق** ؛ لأن كلمة شاطر لا تؤدي المعنى نفسه لكلمة ذكي بل معناها: قاطع طريق.

- نقول هذا رجل **معمِّر** أي عاش زمنًا طويلاً، والصواب هذا رجل **معمَّر**.[3]

- يقولون هذه الطريقة **الأفضل**، والصواب هذه الطريقة **الفضلى** ؛ لأن اسم التفضيل هنا يوافق المفضل في التأنيث فكلاهما مؤنث.

- نكتب صفحة الوفيّات، والصواب صفحة الوَفَيَات ؛ لأن وفاة تُجمع على وَفَيَات أما الوفيّات فهي جمع لـ وفيّة وهي من الوفاء بالعهد والأمانة.

---

(3): الواسطة: تعني الجوهر الذي في وسط القلادة، وما يتوصل إلى الشيء، أما الوساطة فهي مصدر الفعل (وَسَط).

(1) ـ كقوله تعالى:)وإذ جعلنا البت مثابةً للناس ❯ البقرة 125، أي معنى المأوى أو الملجأ.

(2) ـ المعمِّر: هو الله عز وجل، أما المعمَّر: هو الإنسان، كقوله تعالى:) يودُّ أحدهم لو يُعمرَّ ألف سنة ❯ البقرة: 96، وتعود على الإنسان، أي هو الذي يريد أن يمكث طويلاً في الأرض لو كان الأمر بيده.

المصادر والمراجع

أولاً: المعاجم

1 . لسان العرب، ابن منظور، العلاّمة أبي الفضل جمال الدين محمد بن مكرم الأفريقي، (1990) ، المجلد التاسع، الطبعة الأولى، دار صادر للطباعة والنشر، بيروت ـ لبنان.

2 . **مختار الصحاح**، الرازي، الشيخ الإمام محمد بن أبي بكر بن عبد القادر الحنفي، الطبعة الأولى، دار إحياء التراث العربي، بيروت ـ لبنان.

3 . **معجم الوسيط**، مجمع اللغة العربية، سنة النشر ـ **بلا**، جمهورية مصر ـ العربية، الجزءان، دار الدعوة للنشر والتوزيع.

ثانيًا: المؤلفات

1. **الشامل في قواعد اللغة العربية**، عزيز أبو خيارة، الطبعة الأولى، 1993م.

10. **النحو المصفى**، محمد عيد، أستاذ مساعد بكلية العلوم بالقاهرة.

11. **النحو المُيسر**، محمد خير حلواني، الجزء الثاني، الطبعة الثانية، 1997

12. **النحو الوافي**، عباس حسن، عضو مجمع اللغة العربية بالقاهرة.

13. **النحو والصرف للصف الثاني ثانوي**، وزارة التربية والتعليم في المملكة الأردنية الهاشمية، الطبعة الأولى 1996م.

14. **شذا العرف في فن الصرف**، عبد الله الحملاوي، مطبعة الحلبي، القاهرة، 1968م.

15. **قواعد اللغة العربية للصف العاشر**، وزارة التربية والتعليم في المملكة الأردنية الهاشمية، الطبعة الأولى 2001م.

ثالثًا: الرسائل والأبحاث

1. **شرح الدّروس في النَّحو لأبن الدهان النحوي**، د. جزاء المصاروة، أطروحة دكتوراه، مقدمة إلى جامعة مؤتة للحصول على درجة الدكتوراه في اللغة، 2003.

2. **ظاهرة الازدواج في العربية**، د. جزاء المصاروة، مؤتة للبحوث والدراسات 2005.

تَمّ الكتَاب بِعَون الـلـه وَتَوفِيقَه

Printed in the United States
By Bookmasters

T0300952